ro
ro
ro

Die Frankfurter Allgemeine Sonntagszeitung gibt ihren Lesern jede Woche die Gelegenheit, eine Frage an Helmut Schmidt zu formulieren. Und die Menschen suchen bei ihm Rat zu den Themen, die sie beschäftigen: Soll Griechenland in der Eurozone bleiben? Wie kann der Nahostkonflikt gelöst werden? Darf man lügen? Wie sollen wir unsere Kinder erziehen? Was hilft gegen Liebeskummer? Die Helmut Schmidts dieser Nation geben Auskunft – unverblümt, meinungsstark, gestützt auf ihre reichhaltige Lebenserfahrung. Die besten Fragen und Antworten sind in diesem Buch versammelt.

Friederike Haupt ist Politikredakteurin bei der Frankfurter Allgemeinen Sonntagszeitung. Volker Zastrow leitet die politische Redaktion der Frankfurter Allgemeinen Sonntagszeitung. Bei Rowohlt · Berlin erschien sein Buch «Die Vier. Eine Intrige» (2009).

Friederike Haupt, Volker Zastrow (Hg.)

Helmut Schmidt erklärt die Welt

Mit Illustrationen von Bernd Mölck-Tassel

Rowohlt Taschenbuch Verlag

Originalausgabe
Veröffentlicht im Rowohlt Taschenbuch Verlag,
Reinbek bei Hamburg, Oktober 2013

Umschlaggestaltung ZERO Werbeagentur, München
(Abbildung: FinePic, München)
Satz Adobe Garamond PostScript (InDesign) bei
Pinkuin Satz und Datentechnik, Berlin
Druck und Bindung Druckerei C. H. Beck, Nördlingen
Printed in Germany
ISBN 978 3 499 61632 7

Vorwort

Ich habe Helmut Schmidt möglicherweise schon einmal im Fernsehen gesehen. Genau weiß ich es nicht, da ich mich sehr wenig für Politik interessiere. Klar ist: Er raucht. Ich bin selber Raucher – aber Marlboro. Gut, vor dem Fernsehpublikum zu rauchen muss nicht sein. Aber wenn Helmut Schmidt das braucht, muss es so akzeptiert werden. Es wäre ja auch nicht besser, wenn er es heimlich tun würde. Wenn einer Raucher ist, muss man das hinnehmen. Auch Politiker muss man hinnehmen.

Für mich sind alle Politiker gleich, ob Berlusconi oder die Kanzlerin Merkel. Schauen Sie, ich bin Südländer. Ich komme aus Süditalien, 160 Kilometer südlich von Neapel, die Region heißt Kampanien. Und zum Beispiel Berlusconi, den respektiere ich als Mensch und Politiker. Eines kann ich Ihnen sagen, als Südländer: Ich bin vor 25 Jahren nach Deutschland gezogen, weil es damals mit Arbeit bei uns ganz schlecht ausgeschaut hat. Keine Straßen, keine Fabriken. Wie in der alten DDR. Da hatte ich die Möglichkeit, hier heraufzukommen, und ich bin heraufgekommen. Als Südländer will ich Ihnen sagen: Ich hatte einmal die Möglichkeit, Berlusconi zu wählen, und ich habe ihn gewählt. Wenn ich wieder die Möglichkeit hätte, würde ich es wieder tun.

Warum? Weil er der einzige Politiker ist, der in Süditalien gute Sachen gemacht hat. Straßen, Strände und so weiter. Die meisten Politiker in Italien kommen aus Norditalien, und die sind einer wie der andere, die vergessen den Süden. Was Berlusconi sonst treibt, interessiert mich überhaupt nicht. Das ist sein Privatleben. Vergleichbar mit Berlusconi ist in Deutschland Frau Merkel. Ich respektiere sie so, wie sie ist. Für mich geht sie in Ordnung. Wenn eine Frau in der Lage ist, solche Situationen durchzuziehen – herzlich willkommen. Helmut Schmidt ist zu alt, um den Staat jetzt noch zu führen. Das ist wie mit dem Papst. Der musste auch aufhören wegen dem Alter. Irgendwann geht es nicht mehr. Das ist eine uralte Generation. Aber die Erfahrung ist schon etwas wert.

Ich bin nicht einmal halb so alt wie Helmut Schmidt: 45. Trotzdem habe ich auch schon etwas erlebt, und ich habe eine Familie. Meine Frau habe ich hier in Deutschland kennengelernt, in meiner Pizzeria. Also da, wo ich früher gearbeitet habe. Wir haben ein sieben Jahre altes Mädchen, und nächste Woche werde ich noch einmal Papa. Über Politiker denke ich nicht viel nach. Wie gesagt, für mich sind diese Menschen alle gleich. Wer mehr, wer weniger, wissen wir ja. Jeder versucht, zehn Euro mehr in der Tasche zu haben. Wenn sich jemand solche Sachen traut, von mir aus, dann soll er sie machen. Manche Sachen gibt es schon, wo ich denke: Ach Gott. Ich bin halt Südländer, ich habe mich an eure Mentalität angepasst, sonst wäre ich ja nicht hier. Aber ich bin auch stolzer Italiener – verständlich. Ich respektiere jeden, aber ich will auch respektiert werden.

Zum Schluss: Ich wünsche Helmut Schmidt alles Gute.

Giovanni di Lorenzo, 45 Jahre, Hof

Verehrter Herr Schmidt, wie geht es Ihnen?

Uli Driesacker, Frankfurt

Gut! Ich reise bald – nachdem der Garten fertig ist – nach Gran Canaria, Golf spielen. Da ist noch Sommer. Ruheständler wie ich sind gut beraten, dem Novemberwetter zu entfliehen. Wir haben das in den ganzen letzten Jahren so gemacht. Immer an denselben Ort, in das gleiche Hotel. Es gibt ein tolles Hotel in Maspalomas, mit einer super Küche, und ich meine, das muss man nutzen. Früher war mein Leben auch schön. Damals habe ich in ganz Europa gearbeitet. Wenn man sein halbes Leben durch die Welt gereist ist, genießt man es, dass man jetzt nicht mehr so viel auf Reisen sein muss. Es gab Zeiten, da habe ich mehr außerhalb geschlafen als zu Hause. Das war eine Herausforderung. Die Aufgaben damals waren immer eine Herausforderung. Man will ja etwas bewegen.

Es ist aber nicht so, dass es mir früher nicht gutgegangen wäre. Als ich das erste Jahr nicht mehr gearbeitet habe, habe ich diese Aktivitäten noch etwas vermisst. Man hatte ja relativ viele Geschäftsfreunde, das baut sich dann schnell ab. Wenn man erst mal nicht mehr in Funktion ist, lassen auch die Kontakte nach. Es gab zwar immer noch ein paar Einladungen mal hier- und dahin, wurde aber zunehmend stiller. Aber dafür bin ich ja in einem Service-Club engagiert, bei Lions. Da gibt es auch vielfältige Aufgaben. Es gibt auch einen Helmut Kohl im Lions-Club, mit ihm treffe ich ab und zu einmal zusammen. Neulich gab es eine Zusammenkunft, da saßen wir nebeneinander – und wir haben uns vertragen!

In der Politik stört mich heute vor allem hier in der Stadt manches. Meine Frau hat jahrelang Stadtpolitik gemacht, da hat man natürlich Insiderkenntnisse über das, was so läuft. Wie Entscheidungen fallen einfach aus einer Ideologie heraus, und die Vernunft bleibt auf der Strecke – nur, weil die Idee vielleicht vom politischen Gegner kam. Das ist etwas, das mich fürchterlich stört.

Aber wenn es Ihnen hilft: Ich bin optimistisch. Ich freue mich auf die nächsten Jahre und hoffentlich noch Jahrzehnte.

Helmut Schmidt, 69 Jahre, Kassel

Verehrter Herr Schmidt, was erhoffen und erwarten Sie sich für das nächste Jahr?

Rudolf Wiese, Mannheim

Dass man das Ganze mit Europa in den Griff kriegt. Die Sache mit dem Geld. Dass das stabilisiert wird und es nicht fortwährend so weitergeht wie bisher. Immer wieder kommen neue Länder dazu, Spanien, Frankreich, das ist ein Fass ohne Boden. Ich hoffe, dass man nächstes Jahr vielleicht einmal einen Schuldenschnitt macht und alles irgendwie deckelt. Dann haben alle wieder Luft zum Atmen. Aber eigentlich geht es uns allen ja nicht schlecht, wir leben sozusagen im Paradies und merken es nur manchmal nicht …

Tja. In Deutschland erhoffe ich mir eine Veränderung bei den Leiharbeitern, diese ganze Angelegenheit finde ich nicht gerade so besonders. Es muss in jedem Fall einen Mindestlohn geben, und die Leiharbeiter müssen ins normale Arbeitsleben überführt werden – die haben ja auch alle Familien. Wenn man da nichts tut, wird es in Deutschland eine Zwei-Klassen-Gesellschaft geben. Außerdem sollte man mehr investieren in Bildungsarbeit, Kinder sind ja letztlich unsere Zukunft. Was mir auch ein Dorn im Auge ist, sind die Lohnerhöhungen. Man hat immer vier Prozent oder so etwas, und das ist ja auch gut und schön. Aber die Arbeiter, die wenig haben, kriegen somit entsprechend weniger mehr, und diejenigen, die viel haben, kriegen entsprechend viel mehr. Warum sagt man nicht einfach pauschal: Es gibt zweihundert Euro mehr für jeden?

Von der Bundestagswahl im Herbst erwarte ich mir nicht viel. Ich muss sagen, ich bin im Großen und Ganzen zufrieden mit unserer Regierung. Ob gerade der Steinbrück der Richtige als Kanzlerkandidat ist, weiß ich nicht. Ich bezweifle es ein bisschen. Ich glaube, die haben aufs falsche Pferd gesetzt. Mit seinen Vorträgen da in Bochum und anderswo hat er seine eigentliche Arbeit vernachlässigt.

Ich selbst habe keine Vorsätze fürs neue Jahr gefasst. Pläne habe ich aber natürlich: Hausumbau zum Beispiel. Aber sonst nichts.

Helmut Schmidt, 53 Jahre, Nordenham

Verehrter Herr Schmidt, welche Meinung haben Sie zu Frauen?

Alexandra Oehlschläger, Basel

Frauen sind eine gute Ergänzung. Ohne sie wären wir Männer nur ein halber Teil. Ich bin sehr dankbar, dass ich meine Frau habe, und würde grundsätzlich sagen, es wäre sehr schade, wenn ich sie nicht mehr hätte. Ich habe an sich auch nichts dagegen, dass Frauen in Verantwortungsbereichen drin sind, nur ob sie dann diesen femininen Charakter haben, das sei mal dahingestellt. Männer denken logisch, faktisch; was ihnen auf den Tisch kommt, wird abgearbeitet. Frauen haben einen sogenannten siebten Sinn und sagen manchmal: «Das wäre anders besser», Begründung ist nicht immer da, aber trotz alledem trifft es manchmal den Nagel auf den Kopf. So ist es zum Beispiel beim Essengehen: Oftmals meine ich das gute Essen gefunden zu haben, und dann sagt sie: «Och nee, dieses Essen wäre vielleicht doch besser», und sie hat meistens den besseren Griff. Ich bin eher der Theoretiker, meine Frau ist sehr praktisch veranlagt. Meine Frau ist allerdings nicht diejenige, die sich schwerpunktmäßig für Politik und sonstige Dinge interessiert. Das ist eigentlich verstärkt mein Interessengebiet. Alles, was im politischen Gefüge da ist, auch die europäische Situation und vieles andere mehr. Das interessiert mich schon sehr.

Helmut Schmidt, 59 Jahre, Neuss

Verehrter Herr Schmidt, die EU will Menthol-zigaretten verbieten. Wie finden Sie das?

Friederike (11 Jahre), St. Augustin

Unsinn finde ich das. Ich finde es gut, wenn alle weiter rauchen können, ob Menthol oder nicht. Das ist eine Einnahme von Steuern. Da geht die Politik zu weit, wie sie sich sowieso zu oft in das Privatleben der Menschen einmischt. Alle sollen weiter rauchen, auch in der Öffentlichkeit, in den Wirtschaften, das verbieten sie ja heute alles. Gerade weil man damit gutes Geld verdienen kann, verstehe ich es überhaupt nicht, dass die alle dagegen sind. Vielleicht sind die Nichtraucher schuld – die sind natürlich eine Mehrheit –, das vermute ich mal schwer. Als ich noch gearbeitet habe, hat es keine Rolle gespielt, ob man raucht oder nicht raucht. Da habe ich auch zwischendurch mal eine geraucht, hat sich keiner beschwert. Meine Frau hat sich auch nie beschwert, dass ich rauche. Überhaupt nicht. Absolut nicht.

Helmut Schmidt, 63 Jahre, Bottrop

Verehrter Herr Schmidt, wo soll der Atommüll gelagert werden?

Beate Steinhaus, Düsseldorf

Wer davon einen Nutzen hat, soll sich auch darum kümmern. Da können die Süddeutschen nicht sagen: «Wir wollen den nicht», die leben genauso davon wie die Norddeutschen. Jeder Bürger sollte ein bisschen Atommüll bei sich aufbewahren, ungefähr die Menge einer Regentonne wahrscheinlich. Wenn ich ein Bürger von Gorleben wäre, würde ich mit meinen 76 Jahren noch auf die Straße gehen! Warum soll der ganze Dreck nach Gorleben gehen, wenn er von allen verursacht wurde? Wir bezahlen ja auch den erneuerbaren Strom, 60 oder 80 Euro zahle ich dafür, damit bin ich auch nicht einverstanden. Wenn es zu ungerecht wird, wehre ich mich aber.

Ich bin ein bisschen politisch interessiert. Ich habe auch schon mit Politikern bei uns Briefe geschrieben. Und zwar ging es darum, dass Eisen zerkleinert wurde. Das war mit viel Krach verbunden. Da habe ich an die CDU, SPD und FDP Briefe geschrieben. Aber wissen Sie, ich habe nie wieder davon gehört. Und vor zwei Jahren wurde bei uns eine Spielhalle aufgemacht. Dabei haben wir so viele Spielsüchtige in Deutschland – wie kommt ein Bürgermeister dazu, so etwas zu genehmigen? Ich habe den Bürgermeister angerufen, aber der war nicht da, da war nur der Bürovorsteher. Da habe ich gesagt: «Wissen Sie was? Sie können mir jetzt sagen, was Sie wollen, jetzt gehe ich zur Zeitung damit!» Da wollte er mich davon abhalten, aber ich habe es trotzdem gemacht.

Sie müssen mal eines verstehen: Über acht Jahre habe ich mit meiner Familie in Afrika gelebt. Und von daher habe ich gesehen, wie die Menschenrechte mit Füßen getreten wurden. Das lasse ich mir hier nicht bieten.

Helmut Schmidt, 76 Jahre, Mönchengladbach

Verehrter Herr Schmidt, überall stehen Windkrafträder herum. Glauben Sie an die Zukunft der erneuerbaren Energien?

Manfred Hagedorn, Papenburg

Damit habe ich nichts zu tun. Hier, wo ich lebe, gibt es nur ganz wenige Windräder. Im städtischen Bereich sind es, glaube ich, nur drei. Sonst ist alles Wald und bergig. Wenn da im Wald so etwas stünde, würde mich das schon stören. Aber wo freie Fläche ist, können sie von mir aus so etwas aufstellen. In Rheinland-Pfalz stehen ja auch schon genug! Ich glaube, in anderen Bundesländern ist es nicht so. Ob man mit so etwas jetzt so viel Energie gewinnen kann? Da bin ich mir nicht so sicher. Eine Spielerei ist es aber nicht. Es ist schon in Ordnung. Uns betrifft das aber nicht. Wir haben auch keinen Ökostrom. Wer garantiert mir denn, dass das auch Ökostrom wäre? Ich kann es ja nicht kontrollieren. Es könnte ja auch Atomstrom sein, und man zahlt mehr für den Strom, den alle kriegen.

Sonnenkollektoren aufs Dach zu bauen lohnt bei uns hier nicht. Am Wetter liegt es nicht; wir haben das Geld nicht dazu. Das ist ein altes Bruchsteinhaus, schon über hundert Jahre alt. Das war früher mal ein Stall. Da können Sie nicht solche Experimente machen. Wir sparen schon lange Energie, zwanzig Jahre schon oder noch länger. Wir verbrauchen ganz wenig und sparen an der Heizung. Das Gebäude wird also nicht ganz beheizt, es werden nur einzelne Räume beheizt, die Stube schon, das Schlafzimmer nicht. Wie sie vor achtzig oder hundert Jahren gelebt haben, so leben wir heute noch. Über isolierte Häuser mache ich mir gar keine Gedanken, das können wir uns nicht leisten.

So, wie es ist, ist es aber schön. Und es schont die Umwelt. Wenn alle so wären, hätten wir gar kein Problem. Dann müsste man auch die Windräder nicht aufstellen. Man würde einfach im Haus Energie sparen. Viele Leute verschwenden den Strom.

Helmut Schmidt, 70 Jahre, Kaiserslautern

Verehrter Herr Schmidt, die Polizei hat in letzter Zeit die Hells Angels ins Visier genommen, es gab Razzien und Verbote. Für wie gefährlich halten Sie die Rocker?

Jonathan Hüsges, Neuss

Für sehr gefährlich. Ich halte es für richtig, dass die Polizei sie verbietet. Ich habe immer einen Heidenrespekt vor denen gehabt, aber ich war doch sehr erstaunt, als ich gehört habe, was die so alles anstellen. Dass denen überhaupt nichts heilig ist. Schon ihr Erscheinen flößt Angst ein. Riesige Motorradkolonnen – in Stuttgart ist mir das zwar noch nie aufgefallen, ich weiß gar nicht, ob es so eine Ansammlung hier gibt. Aber in anderen Städten in Deutschland ist mir das schon diverse Male aufgefallen. Wenn ich die im Rückspiegel im Auto sehe, graut es mir. Ihr Fahrstil ist allerdings absolut in Ordnung. Das liegt auch an den Harleys, die sie im Wesentlichen haben: Mit der Harley rast man normalerweise nicht.

Wahrscheinlich kommen viele Mitglieder dieser Clubs aus dem entsprechenden Milieu. Aus meinem riesigen Bekanntenkreis – unheimlich viele Biker – kenne ich jedenfalls nicht einen, der da mal gelandet ist. Ich war Mitte der fünfziger Jahre selbst Biker. Da bin ich aber ein paarmal so auf die Schnauze gefallen, dass ich mir geschworen habe, dass ich mich auf kein Motorrad mehr setze. Eine Harley hatte ich nicht, daran hat man damals gar nicht gedacht. Das waren NSU-Maschinen, Horex-Maschinen. Die Liebe zum Motorrad hat nie aufgehört, aber die Vernunft hat gesiegt. Jucken tut es mich heute noch.

Das Verbot ist jedenfalls ein Zeichen. Ich glaube nicht, dass die

Machenschaften der Rocker dadurch eingedämmt werden. Die machen im Untergrund weiter oder in anderen Vereinigungen. Es hat sich ja in den letzten Jahrzehnten gezeigt, dass das Verbot so einer Institution nicht das Ende ist. Es geht um die Strukturen. Die Polizei fischt mehr oder weniger im Trüben, öffentlich treten die Hells Angels kaum auf, wenn sie nicht gerade mit ihren Motorradkolonnen durch die Landschaft schleichen. Ihre Untaten machen sie im Stillen.

Helmut Schmidt, 79 Jahre, Stuttgart

MOTOR
HARLEY-DAVIDSON
CYCLES

Verehrter Herr Schmidt, in meinem Mietshaus gibt es einen Putzplan, an den sich alle halten – nur ein Nachbar nicht. Was tun?

Sonia Wolfgarten, Neu-Isenburg

Ich würde die anderen, die immer kräftig mitputzen, um ein Gespräch bitten, wie wir da am besten vorgehen. Notfalls müssten wir wohl dem Vermieter sagen: Da ist einer, der stellt sich quer. Ich selbst bin in meinem Haus auch immer aufmerksam. Der Mann, der neben mir wohnt, hat vor vierzehn Tagen seine Lebensgefährtin halb totgeprügelt. Ich habe die Polizei gerufen. Der Mann war eh seltsam. Ich habe mal ein Paket für ihn angenommen, da hat er sich lieb bedankt. Aber zwei Tage später war ein Zettel an meiner Tür: «Wer noch mal Pakete für mich annimmt, der kann was erleben!» Das war gruselig. – Also, nicht wegschauen, nicht bei so etwas und nicht beim Putzen.

Helmut Schmidt, 49 Jahre, Oldenburg

Verehrter Herr Schmidt, war Bonn die bessere Hauptstadt?

René Fiedler, Hamburg

Nein, weil Berlin es vom Ursprung immer war. Bonn war ein Behelf, wir hatten ja praktisch noch Krieg. Es war allerdings für Bonn sehr gut und für Deutschland auch. Das Ganze fand ruhiger statt als direkt im Fegefeuer, in Berlin. In Bonn hat man die richtigen Leute gehabt und gewählt. Besonders in Erinnerung geblieben ist mir der Heuss. Ich habe ihn oft gesehen, in der Kirche. Jeden Sonntag. Habe ihn nie angesprochen. Was soll man einem Mann, der so beschäftigt ist, sonntags mit blöden Fragen kommen? Den Wehner habe ich auch viel getroffen. Der wohnte bei mir hier oben in Godesberg. Mit dem bin ich oft einkaufen gegangen, im Edeka in Heiderhof. Er war da mit seiner Stieftochter, die später seine Frau geworden ist.

Durch die Politiker in der Stadt war insgesamt viel mehr Geld im Umlauf. Als die Politik später nach Berlin umzog, war ich aber nicht traurig. Man muss leider sagen: Die ganzen Machenschaften in Bezug auf Lügen und Ehrlichkeit sind seitdem sehr zurückgegangen. Der kleine Mann kriegte hier früher immer eins auf den Deckel! Wenn man einen Unfall hatte mit einem von den Brüdern von den Botschaften, wurde der gleich freigesprochen. Der kleine Mann musste die Sache dann bezahlen.

Im Bundestag war ich auch drin. Da habe ich gearbeitet. Ich habe das Dach vom Bundeshaus repariert und durfte auch in der Kantine essen. Da war es auffällig still. Weil jeder hören wollte, was sich die Mäuse an den anderen Tischen erzählen! Ich wurde freundlich behandelt, das heißt, man hat mich gar nicht beachtet.

Ich konnte mehr rauskriegen als ein Journalist. Ich war gut getarnt und habe mir immer so meine Gedanken gemacht. Immer habe ich gesehen, mit welcher Herzlichkeit die sich begrüßt haben – scheinheilig.

Es gab aber viele Aufträge durch die Politik. Man konnte auch mehr nehmen bei den Botschaften, die hatten immer gut Geld. Und man wurde ganz anders beköstigt als woanders. Alle Botschaften hatten Obst – wunderbar. Bier durfte man auch trinken. Man wurde nur belehrt, dass man, was man sieht und hört, nicht rausgibt. Interessante Geschichten! Das kann ich heute noch nicht preisgeben. Eine kleine Unachtsamkeit im Gespräch kann eine Lawine auslösen.

Helmut Schmidt, 81 Jahre, Bonn

Verehrter Herr Schmidt, was denken Sie über China?

Adrian Gottschalk, Darmstadt

Die große Bevölkerung, die die haben, kommt mir komisch vor. Das sehe ich kritisch. Vor allem werden die Menschen unheimlich ausgenutzt. Die produzieren jetzt für alle Länder, praktisch für einen Appel und ein Ei. Die Nutznießer sind wir. Weil wir die Aufträge da hingeben. Man sollte es eigentlich gar nicht kaufen. Aber ich habe so viele Trainingsanzüge, da ist bestimmt einer dabei, der von da drüben ist. Abgeguckt haben sie sich allerdings auch vieles, fast alles gucken die sich ja ab. Wenn man denen sagt, hier steht eine große Kirche, die könnt ihr euch abbauen und drüben wieder aufbauen, dann sind die imstande und machen das.

Eins fällt auf, wenn die kommen: Die fotografieren alles. Die sind nur am Knipsen. Und für alles interessieren die sich. Es kann das Kleinste sein, sofort sind die eifrig am Diskutieren. Könnte schon sein, dass die auch mein Haus schon in China nachgebaut haben. Oder vielleicht unseren Dom. Es kommen viele hierher zu Besuch. Stören tut mich das aber nicht. Die sind ja nicht so wie so manche, die sind wenigstens schön ruhig. Das sieht man auch in den Filmen aus China. Bei so einem Film kann man sich richtig erholen. Wenn ich einen deutschen Film sehe – nur Hektik. Bei denen geht das ganz, ganz ruhig und schön leise, die Frauen bewegen sich im Raum, aber man hört sie gar nicht.

Viele deutsche Männer haben auch solche Frauen. Chinesische Frauen. Ich sage immer: Das sind die gekauften. Hier trauen die Männer sich an keine Frau, und dann haben sie sich auf einmal eine mitgebracht von drüben. Man sieht bei diesen Frauen aber nicht, wie alt sie sind. Ich kann sonst sehr gut schätzen. Aber da – nein. Ich kann schon die Männer verstehen, die da hingucken und die sich auch welche mitbringen. Nur versteht man nicht, dass sie hier keine gefunden haben.

Eigentlich interessiere ich mich aber nicht so für China. Nur die Chinesische Mauer würde ich mir einmal ansehen wollen, das ist ja schon was. Wie die in ihren großen Städten zurechtkommen, möchte ich gern mal wissen. Das scheint ja alles zu gehen, aber ob es nun so große Meisterleistungen sind? Vielleicht steht alles kurz vor dem Nicht-mehr-Gehen. Hier bei uns gehen wir manchmal chinesisch essen. Das Schöne daran ist, man kann einmal richtig viel essen, und es drückt nicht so in allen Ecken.

Helmut Schmidt, 73 Jahre, Bad Hersfeld

Verehrter Herr Schmidt, was ist der Sinn des Lebens?

Malte Wiering-Möller, Kaarst

Der Sinn des Lebens ist eigentlich, dass ich da bin. Dass ich lebe. Es liegt aber auch am Menschen, wie er das sieht. Der eine macht es so und der nächste auf die andere Weise. Wir sind doch alle verschieden. Sonst wären wir ja alle gleich, nicht? Und liefen alle gleich angezogen herum. Ich bin eigentlich zufrieden mit meinem Leben und habe nie darüber nachgedacht, groß etwas zu ändern. Der eine oder andere, der unzufrieden ist mit seinem Leben, hat das vielleicht auch an mir ausgelassen. Da denke ich aber nicht so viel drüber nach. Es gibt eben welche, die sind mit gar nichts zufrieden.

Manche denken sehr materiell. Mir ist das nicht so wichtig. Ich sage immer: Was ich selbst erschaffen habe, reicht mir. Wenn ich mehr bräuchte – es geht ja nicht. Ich arbeite auf dem Bau, in einer kleinen Firma, da ist die Zufriedenheit ganz gut. Für die Zukunft wünsche ich mir nur Kleinigkeiten. Wenn man in ein paar Jahren in Rente geht, dass man sich da noch ein schönes Leben macht. Dass man, wenn man will, reisen kann. Auch jetzt fahre ich manchmal weg, aber nicht so wie später, wenn man dann frei ist. Dann kann man noch etwas erleben.

Ob es nach dem Tod weitergeht? Da bin ich skeptisch. Ich glaube: Wenn tot, dann tot. Ich habe noch keinen erlebt, der wiedergekommen ist. Ich sage immer: Mein Leben ist mir vorgegeben, und wenn es mich erwischen soll, erwischt es mich.

Helmut Schmidt, 62 Jahre, Bayreuth

Verehrter Herr Schmidt, welche Meinung haben Sie zur Todesstrafe?

Wilhelm Dietzel, Frankfurt

Grundsätzlich keine Todesstrafe. Aber: Wenn Kriminelle mit gewissen Sachen so leichtfertig umgehen, haben sie nichts anderes verdient. Sie sollen nicht auf Staatskosten versorgt und nach einer gewissen Zeit wieder freigelassen werden. Bei Autodiebstahl will ich auf keinen Fall Todesstrafe. Aber nach dem dritten Verbrechen sollte die Todesstrafe greifen. Oder anders: Wenn einer Leib und Leben anderer vorsätzlich zerstört, hat er nichts anderes verdient. Wenn diese Kriminellen vorsätzlich etwas machen, sollen sie auch dafür büßen. Man sagt ja auch: Auge um Auge, Zahn um Zahn. Als Methode scheint mir die Spritze die beste zu sein. Von allen anderen Sachen, Erschießen oder sonst etwas, halte ich nichts. Aber man sollte diese Leute aus dem Verkehr ziehen mit einer Spritze.

Ich bin fest davon überzeugt, dass Meinungen wie diese von der Politik unterdrückt werden sollen. Sie bringen ein schlechtes Image für Deutschland. Das liegt auch an unserer Vergangenheit. Nur: Die Vergangenheit ist vorbei, und heute muss man Konsequenzen ziehen. Ich bin sechsundsiebzig. Und das ist auch das Problem, nicht? Die ältere Generation.

Helmut Schmidt, 76 Jahre, Osnabrück

178

Verehrter Herr Schmidt, glauben Sie an den Klimawandel?

Marcel Tesch, Frankfurt

Ich glaube, es dauert noch einige Jahre, ehe sich etwas ändert. Es können auch hundert sein oder tausend. Was sich bisher schon geändert hat, ist schwer zu sagen. Ich bin aus Schlesien. Das Wetter ist dort ganz anders als hier. Wir hatten herrliche Sommer, die Winter waren allerdings sehr kalt. Zwanzig Grad minus. Ich habe Schmied gelernt, und wir hatten allerhand Arbeit im Winter: Die Geräte, die im Sommer gebraucht wurden, mussten in Ordnung gebracht werden. Außerdem brauchten die Pferde andere Hufeisen, wenn es glatt war. So stand ich am Feuer und schmiedete. Von vorn gab es eine unheimliche Hitze, und auf dem Rücken fror ich. Wurde aber nicht krank, das war eine Gewohnheitssache. Der Mensch ist ein Gewohnheitstier, das wissen Sie ja. Bis nach Hause waren es siebzehn Kilometer. Die bin ich jeden Tag mit dem Fahrrad gefahren, auch wenn ein halber Meter Schnee lag. Das Milchauto hat morgens eine Spur in den Schnee gemacht, die konnte ich nutzen. Auf dem Fahrrad war es sehr kalt, ich fror natürlich trotz der Handschuhe.

Mein Klimawandel ist, dass ich jetzt in Offenbach wohne. Da macht mir im Winter die Kälte nichts aus. Es ist ja hier nicht kalt. Gut, es war mal fünf Grad minus. Aber das ist nichts.

Helmut Schmidt, 92 Jahre, Offenbach

Verehrter Herr Schmidt, Peer Steinbrück ist Kanzlerkandidat. Kann er es wirklich?

Ludwig von Kommsöf, Frankfurt

Er kann es. Und er ist der Einzige bei der SPD, der in Frage kommt. Ich find den gut. Man hat das Gefühl, er ist geradeaus und sehr direkt. Er hat seinen eigenen Kopf und ist kein Wendehals. Aber man weiß es ja nicht. Es kann auch hinterher alles eine Lüge sein. Peer Steinbrück hat als Schwerpunkt Wirtschaftspolitik, also die Sachen, die gerade anstehen. Auf dem sozialen Sektor wird er auch kompetent sein und sich nicht von den Linken einnehmen lassen. Ein Kanzler muss selbstbewusst sein. Und es ist auch wichtig, wie man sich nach der Kanzlerzeit verhält. Was sich der Schröder anschließend geleistet hat, das ist schon sehr traurig. Schamlos die Seite gewechselt, Geldgier gezeigt, und sonst hat er ja auch keine Moral. Und Peer Steinbrück hat meiner Meinung nach Moral. Ich kenne sein Familienleben nicht, aber ich habe das Gefühl, dass es da auch stimmt.

Ob Steinbrück ein großer Kanzler werden könnte, bezweifle ich. Das ist heutzutage nicht mehr möglich. Bei der Medienwelt, die heute die Kanzler macht. Edward Heath hat einmal gesagt: The media can be the poison of the nation. Haben Sie das verstanden? Die Medien können zum Gift der Nation werden. Edward Heath war der britische Ministerpräsident. Für den berühmten Satz hat er sich viele Freunde geholt, in Anführungszeichen. Ich sehe die Gefahr für die Zukunft, dass die Medien immer stärker Einfluss nehmen. Das ist ein komplexes Thema. Politiker sind nur Handlanger der Medien. Und die Politiker, die mediengeil sind, um das mal neudeutsch zu sagen, sind das Schlimme.

Ich glaube, Steinbrück kann dem was entgegensetzen. Als Einziger. Steinmeier kann das nicht. Er ist ein zu ehrlicher Mensch. Steinbrück kann zurückschlagen. Steinmeier ist da nicht so dynamisch. Gegen Angela Merkel ist Steinbrück der Einzige, der eine Chance hat. Wenn einer eine Chance hat. Es wird für beide schwer, für ihn und für Merkel. Sie haben zu wenig Leute hinter sich, die auch Fähigkeiten haben. Ich meine, was wir heute sehen an Politikern, das wäre vor dreißig Jahren nicht möglich gewesen, da hätten die mehr Substanz haben müssen.

Helmut Schmidt, 71 Jahre, Hamburg

Verehrter Herr Schmidt, Berlusconi hat sein politisches Comeback angekündigt. Machen Sie sich Sorgen?

Christa Neuhausen, Dormagen

Er ist der größte Gangster, der herumspringt. Der schlechteste Politiker ist er aber nicht. Ob die ganzen Berichte über ihn und die Korruption stimmen, weiß ich nicht. Dafür bin ich nicht genug informiert. Trotzdem halte ich ihn für einen Gauner. Was man so mitkriegt, reicht doch, oder? Der Schlechteste ist er aber deshalb nicht, weil es ja egal ist, wo man hinguckt. Schauen wir doch einmal zu uns. Da ist es auch nicht besser. Was diese Bunga-Bunga-Partys betrifft: Bei uns gibt es so etwas vielleicht auch, man kriegt eben nicht alles mit. Dass die Merkel zu so etwas hingeht, glaube ich weniger. Die Männer aber schon – so manche. Obwohl man die Finger davon lassen sollte, wenn man ein hohes politisches Amt innehat. Viele, die Macht haben, denken, sie können machen, was sie wollen.

Ich glaube nicht, dass es für uns in Deutschland Auswirkungen hätte, wenn Berlusconi wieder an die Macht käme. Ob ich ihn wählen würde, wenn ich könnte? Na ja, er ist ein reicher Mann. Er braucht sich an den Kassen nicht zu bedienen. Aber eigentlich beschäftigt mich Italien sehr wenig. Vor langer Zeit war ich dort im Urlaub. Am Gardasee. Da hatte ich einen guten Eindruck von dem Land.

Helmut Schmidt, 59 Jahre, Neustadt

Verehrter Herr Schmidt, mir ist am Wochenende oft langweilig. Ich finde, die Geschäfte sollten auch sonntags öffnen. Was meinen Sie?

Jenny Buchenhofer, Dillenburg

Nein. Weil die Sonntagsruhe eingehalten werden soll. Religiöse Gründe habe ich eigentlich nicht, ich bin das eben von früher so gewohnt. Ich bin zwar schon ein bisschen religiös eingestellt, aber nicht fanatisch. Wir selbst gehen aber sowieso nicht mehr viel raus, sondern lassen viel mitbringen von unseren Kindern. Früher, als wir noch gearbeitet haben, haben wir den Sonntag schon ausgenutzt – aber nicht zum Einkaufen. Da waren wir viel unterwegs mit der Familie. Heute mache ich eher mit der Frau irgendwas. Was, kommt aufs Wetter an, denn ich kann nicht mehr viel laufen. Manchmal machen wir eine kleine Autotour. Kurze Strecken gehen noch. Oder ich mache Spielchen mit der Frau. Zum Beispiel Rummikub, das kapieren wir immer noch.

Ich habe schon den Eindruck, dass die Leute sich heute mehr für den Konsum begeistern als früher. Wir sind ja so groß geworden, dass man nur das Billigste gekauft hat. Aus Geldmangel natürlich, nicht aus Geiz. Aber heutet artet das manchmal ein bisschen aus. Es wird sehr viel gekauft, aber vieles dann auch schnell weggeschmissen. Wo besonders viel Geld verschwendet wird? Das ist relativ. Bei der Kleidung möchte man natürlich am Ball bleiben, und Essen ist auch wichtig. Meine Frau ist bald so alt wie ich, da fehlt manchmal die Motivation zum Kochen. Und dann gehen wir halt essen. Soweit man es eben noch kann. Wir gehen dann nicht in eine Imbissbude – wennschon, dann Restaurant. Es ist gut, dass die auch am Sonntag aufhaben. Wochentags gehen wir auch ins Globus, das ist ein Einkaufsmarkt. Die haben eine Speisekarte, und wenn wir da einkaufen waren, essen wir auch gleich dort.

Wenn ich heute in Läden gehe, dann am liebsten in Baumärkte. Ich war ja Handwerker, da interessiere ich mich schon für verschiedene Sachen und will ein bisschen am Ball bleiben. Oder will es zumindest versuchen. Ich mache dann viel im Garten, oder ich helfe meinen Schwiegerkindern. Die brauchen mich noch oft. Wenn Baumärkte am Sonntag offen hätten, wäre das gar nicht so schlecht. Samstags ist es da nämlich immer total voll. Im Internet bestelle ich gar nichts, das lade ich mir nicht mehr auf. Meine Frau bestellt aber manchmal im Fernsehen, in diesem QV… wie heißt die Sendung? Da kauft sie jedenfalls hauptsächlich Schmuck. Ich freue mich, dass sie sich hübsch macht. Da bin ich stolz drauf.

Helmut Schmidt, 86 Jahre, Großrosseln

Verehrter Herr Schmidt, worauf sind Sie stolz?

Manfred Bieringer, Isselburg

Ich bin geboren im Sudetenland. Und ich bin stolz darauf. Ja. Als wir ausgewiesen worden sind, war ich noch ziemlich jung. Ich rede kaum mit jemandem darüber. Früher habe ich mehr darüber gesprochen. Sonst gibt es im Großen und Ganzen nichts, worauf ich stolz bin. Und niemanden.

Helmut Schmidt, 72 Jahre, Ehingen

Verehrter Herr Schmidt, wie sehen Sie den NSA-Spionage-Skandal?

Lionel Freytag, Detmold

Das ist eine Schweinerei. Ich kann doch meinen Freund nicht hintenrum aushorchen. Wenn man so etwas herauskriegt, muss man den Tätern richtig Bescheid sagen. Wissen Sie, ich habe einen Spruch: Was du nicht willst, dass man dir's tu, das füg auch keinem anderen zu. Wenn Europa Amerika ebenfalls ausgespäht hat, wäre das von uns auch nicht das Wahre. Wie kann man sich davor schützen? Schwierig. E-Mail und Computer nutze ich zum Glück gar nicht. Als ich noch im Betrieb war, wollten sie mich einmal an eine Maschine stellen mit so einem Computer, da war ich gerade um die fünfzig herum. Ich habe gesagt: Da nehmen Sie mal einen Jüngeren! Aber zum Beispiel telefonieren tue ich. Wenn meine Gespräche abgehört würden, würde mich das sehr ärgern. Das würde niemanden etwas angehen, obwohl ich keine Geheimnisse habe vor meinen Bekannten und Verwandten.

Mit dem Snowden ist es eine schwierige Sache. Wie soll man einen Menschen einschätzen, der sich für so etwas hergibt? Sucht er eigene Vorteile? Ich finde es sehr schäbig, so etwas zu machen. Die Spionage gehört allgemein endlich verboten. Ich habe noch einen Spruch in diesem Zusammenhang: Ich liebe den Verrat, aber ich hasse den Verräter.

Helmut Schmidt, 84 Jahre, Linkenheim

Verehrter Herr Schmidt, Bundesfamilienministerin Schröder will durch eine frühere Sperrstunde für Jugendliche das Komasaufen eindämmen. Trinkt die Jugend von heute zu viel?

Marina Storbeck, Frankfurt

Das Trinkverhalten der Jugendlichen kommt mir vor wie früher auch. Was Frau Schröder vorhat, ist doch eigentlich Quatsch. Ich glaube, im Moment liegt die Sperrstunde für die Jugendlichen bei 22 Uhr. Und das sollte man auch beibehalten. Man sollte lieber versuchen, bessere Angebote für die Jugendlichen zu finden oder jedenfalls nicht an dieser Stelle zu kürzen. Früher sind wir auch länger als zehn Uhr weggeblieben. Wenn man Glück hatte, wurde man nicht erwischt, wenn man Pech hatte, gab es Ärger. Man war auch erfinderisch und hat gesagt, man sei bei einem Freund. Oder man hat direkt gesagt, man ist in der Disko. Bei mir waren meine Eltern relativ entspannt. Ich war zum Glück nicht das älteste Kind. Am ältesten Kind wird geübt, und man stellt fest, was gut war und was nicht so gut. Die jüngeren Geschwister haben es dann oft besser.

Das Flatrate-Trinken hat es immer schon gegeben. Früher hieß das «Ein Meter Alt». Das war ein Brett, einen Meter lang, in das Kreise hineingesägt waren für die Biergläser, und dann bekam man einen Meter Altbier. Das war natürlich günstiger, als wenn man ein Alt nach dem anderen bestellte. Mal hat man dann Kampftrinken gemacht – wer kriegt den Meter am schnellsten weg? –, und es gab auch Stiefeltrinken: Ein Glasstiefel wurde gefüllt mit Bier, und man hat ihn in einer gewissen Zeit leergetrunken.

Man muss seine Erfahrungen machen. Wer nie getrunken hat, weiß nicht, wie sich ein dicker Kopf anfühlt. Viele junge Leute sind überfordert mit dem, was von ihnen verlangt wird. Heute ist alles auf Leistung getrimmt. Früher war alles lockerer. Heutzutage hat man direkt Repressalien zu erwarten, wenn irgendetwas nicht funktioniert.

Helmut Schmidt, 52 Jahre, Düsseldorf

Verehrter Herr Schmidt, hat der amerikanische Präsident Obama sich in seiner ersten Amtszeit bewährt?

Dr. Carl-Philipp Beer, Hamburg

Ich wünsche mir, dass er die Wahl wieder gewinnt. Aber in zwei Dingen hat er mich sehr enttäuscht: erster Punkt – Guantánamo. Er hat nicht Wort gehalten, dass diese Leute vor ein ordentliches Gericht gestellt werden. Zweitens – Israel. Von der Siedlungspolitik der Israelis bin ich ein ganz scharfer Gegner. Seit Jahren geht das nun schon, dass in den Gebieten da immer mehr und mehr Siedlungen gebaut werden. Zumal in der «Sun» gestanden hat, dass wir schon drei oder vier U-Boote nach Israel geliefert haben. Wir heizen die ganze Sache da unten mehr und mehr auf.

Na ja, jedenfalls muss man sagen, dass der Obama ein ganz schwieriges Amt angetreten hat, nachdem der Bush weg war. Aus Bushs Krieg haben wir uns zum Glück herausgehalten, unter Schröder. Ich sage: Auf keinen Fall einmischen. Wir schon gar nicht nach unseren Erfahrungen vor 1945, Finger weg davon. Von dem Bush habe ich nichts gehalten, wie die Mehrheit in Deutschland. Der Obama ist ja vor seiner Wahl ganz groß aufgenommen worden in Berlin. Ich halte viel von ihm, nicht nur, weil er der erste schwarze Präsident ist. Ich halte trotzdem viel von ihm! Gegen ihn ist die Merkel ja so ein bisschen blass. Der andere Kandidat da in Amerika schreit mir zu laut. Und außerdem: Obama will ja wenigstens für vierzig Millionen Amerikaner die Krankenversicherung einführen, die jetzt keine haben. Das halte ich für sehr gut.

Ich kenne die Amerikaner gut, denn früher haben wir in unserer Straße überwiegend Nato-Offiziere als Nachbarn gehabt. Wir hatten ein Bombenverhältnis zu den Amerikanern. Nicht politisch, aber sonst wunderbar, freundschaftlich und gut. Die Kinder haben zusammen gespielt, war alles bestens. Es gibt aber schon erhebliche Unterschiede zwischen Deutschen und Amerikanern. Zum Beispiel weiß die amerikanische Jugend von uns viel zu wenig. Und verrückt sind die. Crazy, ein bisschen.

Übrigens habe ich 45-mal das Goldene Sportabzeichen errungen. Schwimmen, Springen, Kugelstoßen, Kurzstreckenlauf, Langstreckenlauf macht man da. Ich weiß nicht, wie fit der Obama ist. Aber im Schwimmen würde ich ihn schlagen.

Helmut Schmidt, 85 Jahre, Altenholz

Verehrter Herr Schmidt, ich bin eine große Hermann-Hesse-Verehrerin und liebe vor allem das «Glasperlenspiel». Doch mit Hesses Gedichten kann ich nichts anfangen. Geht es Ihnen auch so?

Marion Koch-Herzog, Waiblingen

Nun, das «Glasperlenspiel» ist das Einzige, was ich von Hesse je gelesen habe. Meine einzige Erinnerung daran: Es war sehr anstrengend. Da gab es furchtbar lange Sätze, die man teilweise zweimal lesen musste. Mein Vater hatte mir das Buch als sprachlich wertvolle Literatur empfohlen, als ich neunzehn oder zwanzig war. Er war evangelischer Geistlicher und war von dem Buch wohl sehr beeindruckt. Ich habe aber, nachdem ich es gelesen habe, nie wieder etwas mit Hesse zu tun gehabt. Das «Glasperlenspiel» steht heute noch in meinem Bücherschrank, denn Bücher schmeiße ich nicht weg. Es ist inzwischen aber sehr eingestaubt.

Dass Hesse auch Lyrik geschrieben hat, hätte ich jetzt gar nicht gewusst. Trotzdem finde ich, dass dieser Autor eine brillante deutsche Sprache geschrieben hat – wie Thomas Mann. Mir fehlt leider meist die Zeit, um Romane zu lesen. Ich bin Chirurg von Beruf, und abends schlafe ich meistens über der Literatur ein. Zum Lesen komme ich vorwiegend im Urlaub. Aber ich müsste schon sehr gut drauf sein, um im nächsten Urlaub noch mal zu Hesse zu greifen.

Helmut Schmidt, 51 Jahre, Winkelhaid

Verehrter Herr Schmidt, was raten Sie einem jungen Menschen, der Bundeskanzler werden will?

Corinna Diedrichsen, Wetzlar

Er sollte das Beste mitbringen. Unbestechlich muss er sein, ja? Das ist sehr wichtig. Ehrlich. Zu dem stehen, was er sagt. Ich glaube nicht, dass er bestimmte Bücher gelesen oder bestimmte Filme gesehen haben muss. Er muss ein gutes Allgemeinwissen haben und sich für Politik interessieren. Wenn jemand Jura studiert hat, ist das vielleicht nicht schlecht. Ich gehe davon aus, dass jemand, wenn er studiert hat, eine ganz andere Allgemeinbildung hat als einer, der sich aus kleinen Verhältnissen hochgearbeitet hat. Wenn er früh in die Partei eintritt, kann das nicht schaden. Da kriegt er es von der Pike auf mit. Ein gepflegtes Äußeres, von mir aus Anzug, finde ich auch gut. Schröder hat sich ja sogar die Haare gefärbt. Eine schöne, modische Kleidung ist auch in Ordnung. Nicht so wie die Grünen früher, mit Pullover und Strickjacke und was weiß ich.

Außerdem: In einer Partei kommt oft nicht der am höchsten, der es am besten kann, sondern derjenige, der die größte Unterstützung hat – eine Lobby. Wer Bundeskanzler werden will, sollte gut seine Seilschaften pflegen und abends zu Stammtischen gehen. Sonst wird es nämlich nichts. Das sollte demjenigen Spaß machen. Es ist ja mit enormer Arbeit und Zeitaufwand verbunden, so etwas zu machen: in der Partei zu sein, Verantwortung zu übernehmen, keinen Abend so richtig zu Hause. Die Frau muss dann schon zu ihm stehen, sonst kann man das gar nicht machen.

Der Bundeskanzler Helmut Schmidt war sehr gut. Er war ehrlich, hat zu dem gestanden, was er gesagt hat, und hat ein sehr gutes Allgemeinwissen gehabt. Willy Brandt war auch nicht verkehrt. Der Strauß hat es nicht geschafft, obwohl er wohl sehr viele gute Freunde mit Einfluss hatte. Er ist ja, glaube ich, über die Amigo-Affäre ein bisschen ins Zwielicht geraten. Und bei Helmut Kohl kommt jetzt einiges ans Tageslicht, was vorher nicht so bekannt war. Warum er sich so lange gehalten hat, weiß ich nicht. Was ich natürlich ganz und gar nicht haben kann – so wie es der Schröder gemacht hat: alle möglichen Verträge abgeschlossen und später zu Gazprom und viel Geld einstecken. Ich habe das Gefühl, dass viele die Politik als Sprungbrett nehmen. Wir haben genug, die das gemacht haben. Je länger sie dabei sind, desto gieriger werden sie.

Wenn jemand schon sehr jung sagt, dass er Bundeskanzler werden will, nehme ich das nicht so ernst. Früher hat man immer gesagt: Ich möchte Lokführer werden. Viele sind es dann nicht geworden. Mein Enkel hat jetzt gesagt, er möchte Pilot werden. Ja gut, das sind alles fromme Wünsche. Das sind so Dinge, die man eben als junger Mann von sich gibt.

Helmut Schmidt, 70 Jahre, Aschaffenburg

Verehrter Herr Schmidt, was hilft gegen Liebeskummer?

Juliane Lindner, Berlin

Hm, Liebeskummer – schon lange nicht mehr gehabt. Ich bin meistens aufs Rennrad oder ins Ruderboot und habe mich körperlich belastet. Dadurch wurden die Gedanken im Kopf kurzfristig zerstreut. Aber langfristig muss man Liebeskummer mental verarbeiten. Er gehört zum Leben dazu wie Essen und Trinken.

Einmal habe ich eine Frau – oder damals ein Mädchen – begehrt und wollte sie aufmerksam machen auf mich, aber sie hatte keinen Blick für mich. Das hat ziemlich weh getan. Da muss man aber durch. Jahre später kam ich dann aber mit der Frau zusammen und hatte sehr schöne Erlebnisse. Aber das passierte zu einem sehr blöden Zeitpunkt, denn ich hatte eine neue Partnerin, und die war von mir schwanger. Ich habe gesagt: Ich entscheide mich für das Kind und bleibe bei der. Davon war meine ehemalige Liebeskummerpartnerin sehr frustriert, denn nun wollte sie mit mir zusammen sein. Ich war von ihr nach wie vor begeistert, aber ich habe die Vernunft walten lassen – ich hatte ja auch eine gewisse Verantwortung und wollte mich nicht davonstehlen. Die Entscheidung hat mir aber lange zu schaffen gemacht, das war auch so eine Art Liebeskummer.

Von der Mutter des Kindes habe ich mich allerdings relativ bald scheiden lassen – die Frau von früher hatte damit nichts zu tun. Ich habe unsere Tochter bei mir behalten und großgezogen. Nach Jahren habe ich noch einmal Kontakt aufgenommen zu der Liebeskummerfrau. Wir haben uns getroffen, vielleicht zehn Jahre nach unserer Episode. Sie war verheiratet und hatte zwei Kinder.

Ich wollte auf keinen Fall negativ Einfluss nehmen auf ihre Beziehung. Sie ist dann wieder gefahren.

Helmut Schmidt, 68 Jahre, Mannheim

Verehrter Herr Schmidt, wird sich die Piratenpartei auf Dauer etablieren?

Alexander Kraft, Berlin

Das ist reine Spekulation im Augenblick. Kann sein, dass ein Kern sich professionalisiert, wie seinerzeit bei den Grünen. Ich habe ja die Grünen damals, in meinen jungen Jahren, voll miterlebt, ich war ja auch durchaus begeistert. Heute bin ich eher konservativ eingestellt, das kann ich ruhig sagen. Aber ich sehe durchaus, dass die Welt sich verändert, das kann ich auch akzeptieren. Eigentlich bin ich in der IT-Branche tätig, kenne also die Probleme, kenne die Themen der Piratenpartei. Aber aus meiner Lebenserfahrung, auch politischen Erfahrung kann ich nur hoffen, dass sich das vielleicht noch mal irgendwie ändert. Der Erfolg der Piraten ist schon besorgniserregend. Das ist für mich ein Symptom dafür, dass eine Infantilisierung der Gesellschaft stattfindet, dass man von den wichtigen Themen weggeht. Das ist für mich keine gute Entwicklung.

Interessant finde ich den Vorsitzenden, den mit der Schiebermütze, Sie wissen, wen ich meine. Der führt ja ein bemerkenswertes Doppelleben: auf der einen Seite Beamter im Bundesverteidigungsministerium und auf der anderen Seite Pirat. Irgendwie passt das nicht so richtig zueinander. Ist aber interessant! Ich halte das für eine unreife Entwicklung, also interessant und durchaus auch sympathisch, aber fürs Politikgeschäft nicht wirklich eine Perspektive. Es dreht sich alles um das Zentrum Netz, für sie ist das Internet das Wichtigste in der Welt. Auch im Netzbereich sind sie für mich naiv.

Aber eine reine Juxpartei ist das nicht! Ich denke schon, dass die – also die meisten jedenfalls – das ernst nehmen und also gutwillig oder wie auch immer man das bezeichnen mag, sind. Aber nicht jedem, der nett ist, kann man die Politik anvertrauen. Die müssten sich jetzt breitbandig eine Position zu verschiedenen Dingen, also auch zu den wichtigen Dingen, erarbeiten. Das Ultrabasisdemokratische müssen die sich abschminken.

Helmut Schmidt, 62 Jahre, Hannover

Verehrter Herr Schmidt, das Occupy-Camp in Frankfurt soll geräumt werden. Was halten Sie von dem Lager und der Bewegung?

Michael Dorn, Heidelberg

So schnell wie möglich räumen! Eine Frechheit, was sich die alle erlauben gegenüber der Stadt. Es ist auch ein Dorn im Auge der Bürger. Es muss dort ja katastrophal sein. Da kampieren überwiegend Rumänen, fast Asoziale, also Ausländer und Arbeitslose, die nichts Besseres gefunden haben und denen das gerade gelegen kommt. Das ist ein Schandfleck, die Stadt soll sich nicht auf dem Kopf herumtanzen lassen. Der Ordnungsdezernent kann anscheinend nicht hart genug durchgreifen, er ist ein papierloser Tiger, der momentan nichts auf die Beine bringt.

Als das Camp gegründet wurde, war das eine Aktion, die gerechtfertigt war. Das waren Leute, die wirklich gegen die Banken demonstriert haben. Aber davon ist jetzt nur noch eine Handvoll da. Einen Protest kann man nur eine gewisse Zeit durchziehen, nicht als Dauerzustand. Ich selbst war nicht wütend auf Banken, ich war da ein bisschen humaner. Weiß zwar, dass die Dreck am Stecken haben, aber ich bin nirgendwo reingefallen, und mich hat keiner betrogen.

Ich kenne das Camp leider nur aus der Presse. Aber wenn das bei mir vor dem Haus – ich habe kein Haus, aber wenn ich eins hätte –, bei mir im Garten passieren würde, dann müsste ich doch mein Recht als Eigentümer geltend machen. So muss die Stadt ihr Hausrecht wahren, also begrenzen und abbauen und abschaffen. Wenn ich Ordnungsdezernent wäre, hätte ich das schon längst geräumt. Ich wohne in einem Vorort und müsste extra in die Stadt rein, um mir das Lager anzugucken. Könnte man durchaus mal machen. Vielleicht tue ich das sogar.

Helmut Schmidt, 75 Jahre, Frankfurt

Verehrter Herr Schmidt, wie kann der Nahostkonflikt gelöst werden?

Dan Oberson, Tel Aviv

Ich huldige noch dem Kommunismus. Das wäre meine Antwort. Die ganze kapitalistische Welt kann nicht ohne Kriege sein. Der Versuch von Lenin, dieses Übel zu beseitigen, ist leider gescheitert. Weil die zu der Zeit lebenden Idioten nicht in der Lage waren, die Idee richtig zu verstehen. Sie haben die Vorteile genutzt, aber sonst alles schleifenlassen. Profit, stand schon bei Karl Marx, tritt jede Moral mit Füßen. Und Gewinn macht vor allem die Waffenindustrie. Solange der Kapitalismus existiert, wird es mal da, mal dort brennen. Das ganze sozialistische Lager hat überhaupt keine Kriege geführt gegeneinander. Aber im Nahen Osten kämpfen zwei kapitalistische Systeme, und beide versuchen, ihre Vorteile zu erhalten.

Die Sowjetunion hat immer sehr viel getan, um solche Kriegsherde zu dämpfen. Aber wenn ein ehrlicher Mensch gegen einen bösen kämpft, gewinnt immer der böse. Bedauern tue ich das schon. Ich war auf dem Weg, General zu werden an der Militärakademie in der DDR. Dort haben wir 1980 schon gewusst, dass der Kommunismus vorschnell gegründet wurde. Dadurch ist großer Schaden entstanden – weil die Masse der Welt jetzt denkt, dass der Kommunismus nichts Gutes gewesen ist.

Wann wir wieder welchen haben werden, kann niemand sagen. Ich hoffe, ich erlebe es noch. Immerhin bin ich topfit. Ich sehe aus wie fünfzig, obwohl ich vierundsiebzig bin. Ich laufe jeden Tag fünf Kilometer, das ist fast ein Marathon pro Woche. Schon als Offizier musste ich immer fit sein. Ein kranker Offizier ist ein

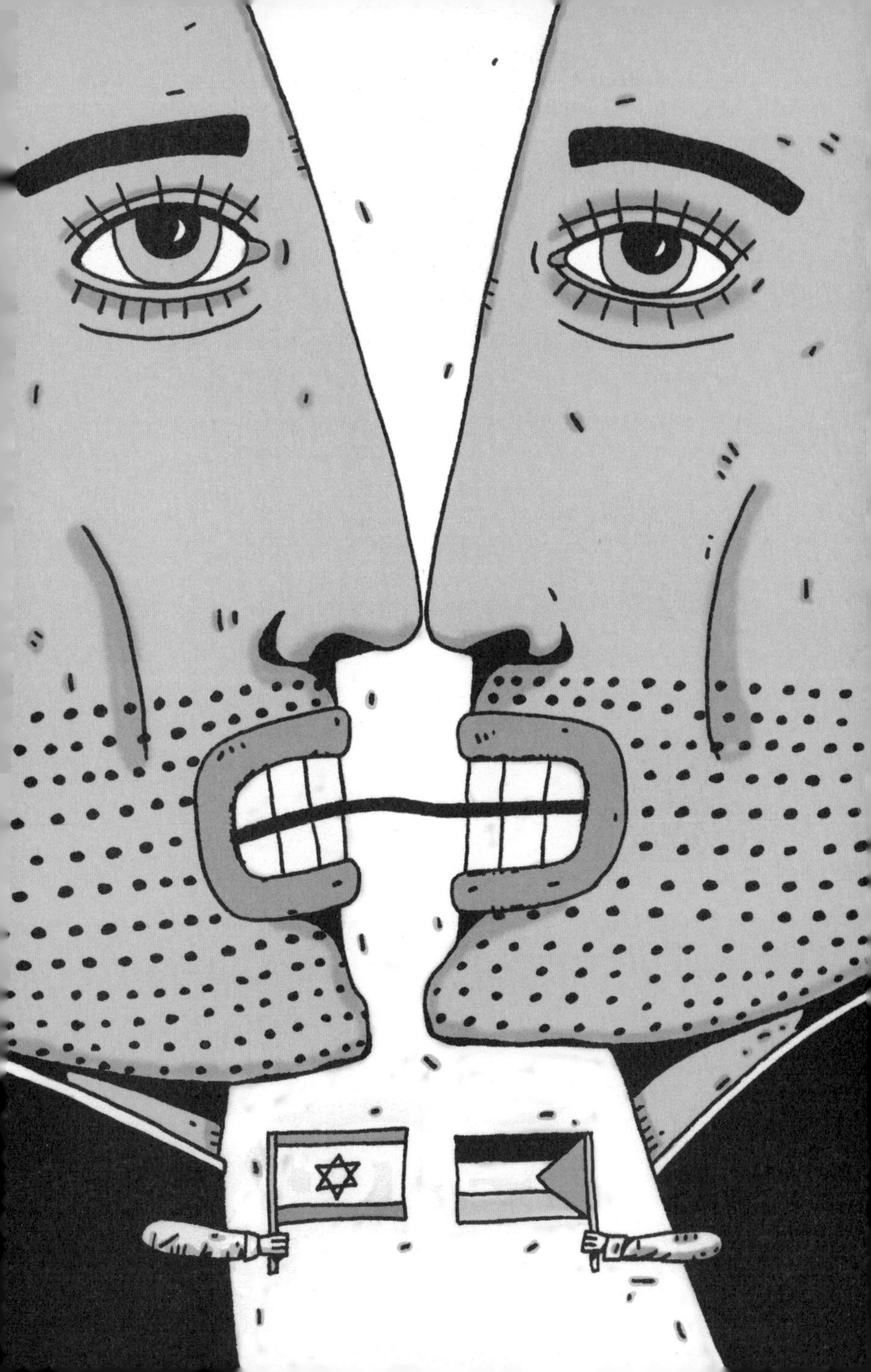

Weichei, das darf nicht sein. Ein Fach an der Militärakademie nannte sich militärmedizinisch-psychologische Gesunderhaltung. Da ging es um die Kämpfer, natürlich auch um einen selbst. Das gehört einfach zur Manneszucht. Ich stehe um sechs auf und brauche eineinhalb Stunden für meinen Körper. Ich bin hundert Prozent gesund, deswegen brauche ich auch keine Krankenkasse.

Meine Kräfte nutze ich auch noch. Ich habe ein Patent angemeldet: die erste abwaschbare Vorrichtung zu Aufnahme, Transport und biologischer Beseitigung von Hundekot. Mein Gerät sieht ganz genau aus wie ein Damen-Regenschirm.

Helmut Schmidt, 74 Jahre, Berlin

Verehrter Herr Schmidt, sind Sie Organspender?

Katharina Locke, Kulmbach

Ich selbst habe noch keinen Ausweis, aber Schwachsinn finde ich das nicht. Man muss sich darüber Gedanken machen. Was da passiert ist, schreckt die Leute ab: dass die Ärzte in den ganzen Krankenhäusern die Organe verkaufen. Das macht keinen guten Eindruck. Aber ich würde sagen, dass diese Ärzte Ausnahmen sind, denn ich selbst habe noch keine schlechten Erfahrungen gemacht. Eigentlich finde ich Organspende gut. Wenn niemand etwas spendet, gibt es auch keine Spenderorgane. Wenn man selbst einmal eines braucht, ist dann keines da. Ich kenne einen Fall, bei uns im Nachbardorf, wo ein junges Mädchen eine Niere bekommen hat. Das war gut. Ein Kollege hat auch eine Niere bekommen. Nieren gibt's ja öfter.

Mit meiner Frau habe ich mich darüber noch nicht unterhalten. Aber wenn jetzt dieser Brief von der Krankenkasse kommt, tun wir das. Wie wir uns entscheiden werden, kann ich jetzt noch nicht sagen. Man braucht sich, glaube ich, nicht auf ewig festzulegen. Ich persönlich habe keine Angst davor, dass die Ärzte mir Organe entnehmen, bevor ich richtig tot bin. Merken tut man das dann sowieso nicht mehr. Ich war aber noch nie in Lebensgefahr. Welches meiner eigenen Organe noch am besten in Schuss ist, weiß ich nicht so genau. Meine Lunge ist jedenfalls noch ganz in Ordnung.

Helmut Schmidt, 65 Jahre, Rehweiler

Verehrter Herr Schmidt, sollten Arbeitslose unentgeltlich gemeinnützige Arbeiten verrichten?

Oliver Preuß, Kelkheim

Genau das. Vollkommen richtig, hundert Prozent. Aber mit harter Hand! Weil wir ja viele Arbeitslose haben, die gar nicht arbeiten wollen. Ich bin aus einer Zeit, in der es noch einen gewissen Arbeitsdienst gab. Wir haben als Jugendliche nicht solchen Mist machen können wie die heute, aber das hat uns für unser zukünftiges Leben nicht geschadet. Ich habe fünfzig Jahre gearbeitet, teilweise in drei Schichten, und das siebenunddreißig Jahre in einem Betrieb. Und da hatte ich allerlei Funktionen, auch in der DDR-Zeit, hab mir aber nichts zuschulden kommen lassen. Die Lehrlinge, die ich damals ausgebildet habe, grüßen heute noch. Das ist eine ganz große Befriedigung für mich.

Heute ruhe ich mich aus. Unser Jahrgang ist ja bei den Renten noch gut weggekommen. Aber wenn wir überlegen, dass unsere fünf Kinder alle schon über die sechzig sind, vor der Rente stehen und nicht wissen, wie sie das machen sollen, fragen wir uns natürlich, welche Möglichkeiten es da noch gibt. Die Arbeitslosen sind aber meist viel jünger, körperlich können die noch arbeiten. Die sind ja nicht schwächlich. Zu essen haben sie genug, Sport machen sie keinen, also können sie arbeiten. Sie könnten zum Beispiel älteren Leuten helfen. Wir wissen ja alle, dass Pflegekräfte fehlen. Ich sehe auch für die nächsten zehn Jahre keine große Besserung, da kann an der Regierung sitzen, wer will. Der Karren ist schon zu tief im Dreck, wirklich – schön reingelangt! Und das hat nicht bloß etwas mit der Wende zu tun.

Ich sage jedenfalls: Straff, viel straffer rannehmen und dafür sorgen, dass auf den Straßen nicht irgendwelche Revolten herauskommen. Das ist doch keine Art und Weise, was die Jugendlichen heute machen – die Schmierereien, und Tanks unter den Autos werden angebohrt, und das Benzin wird rausgemaust, das kam im Fernsehen. Und das sind keine alten Leute, da wollen wir uns nichts vormachen! Wenn man so einen schnappt, sollte man die Maßnahmen dreifach verschärfen.

Und was die Hartz-IV-Empfänger betrifft: Die kriegen hier in unserer Gegend, die neu gebaut worden ist vor fünfzehn Jahren, eine Wohnung mit 49 Quadratmetern voll bezahlt, und dann lungern sie auf der Straße herum und sagen: Na ja, für die Zigaretten und fürs Bier reicht's. Bloß: Wer weiß denn das auf den Ämtern, die das bezahlen? Dort müsste man gemeinnütziges Arbeiten anordnen, beim kleinsten Fehler, den es gibt.

Helmut Schmidt, 85 Jahre, Bannewitz

Verehrter Herr Schmidt, warum kümmert sich Ihrer Meinung nach hierzulande kein Mensch darum, dass Kühe nicht mehr auf die Weide gelassen werden (außer im Bergland), sondern ihr Leben hinter Gittern verbringen müssen und eiweißhaltiges Kraftfutter mit Mais erhalten, sodass ihnen als Wiederkäuern ständig der Magen zu übersäuern droht?

Dagmar Jestrzemski, Wedel

Ein schwieriges Thema. Aber ich war selbst schon einmal auf der Alm, Sie treffen also genau den Richtigen. An unserem Hochbett – wir haben eine ziemlich wilde Wohnung – hängt ja auch ein Zeitungsausschnitt, da steht: «Helmut Schmidt – der weiseste Deutsche». Aber zur Kuh: Als Kind war ich immer beim Bauern, weil ich gebürtig aus Memmingen bin, da war es aufs Land raus nicht weit. Ich habe ein ziemliches Interesse an Landwirtschaft gehabt, ich kann also melken und auf- und abtreiben auf der Alm. Die Städter haben oft gar keinen Bezug mehr dazu, wo Lebensmittel herkommen.

Natürlich ist das auch ein gesamtwirtschaftliches Problem. Wir sind freischaffende Künstler, und ich bin gezwungen, bei Lidl oder Aldi zu kaufen, es ist also ein knallharter Preisdruck da. Es ist ein unheimlich komplexes Feld. Wir haben einen Freund in Oberschwaben, der hat jetzt aufgegeben mit den Kühen. Der hat jetzt seine Dächer voll mit Photovoltaik. Und was macht er nun mit dem Grünfutter? Das schmeißt er in die nächste Biogasanlage. Das ist dieser große Kreislauf. Es ist systemimmanent.

Ich habe ja auch meinen Kopf darauf verwettet, dass die Griechenland niemals fallenlassen werden. Warum begreift das offensichtlich kein Mensch außer mir, dass das ganze Ding mit den Schulden ein rein nominelles Zahlenspiel ist? Überlegen Sie mal: Bronzezeit damals – warum hat man Geld überhaupt erfunden? Wenn Sie Getreide hatten und ich schmiedete Ihnen ein Schwert, gab es einen Tauschhandel. Wenn Sie kein Schwert brauchten, gab ich Ihnen eben Kaurimuscheln dafür. Die Einführung des Geldes war logisch, aber es ist mittlerweile völlig pervertiert und meines Erachtens ein reines Mittel der Machtausübung. In Bangladesch haben sie 35 Euro Monatslohn, kein Witz. Und wir machen einfach so weiter.

Da sind wir genau bei Ihrer Frage. Das Problem ist vom einzelnen Menschen gar nicht mehr zu durchschauen. Es ist genau wie mit Israel und Palästina. Wie der Scholl-Latour sagt: Unsere Urenkel werden noch die gleichen Nachrichten von da unten hören wie wir. Die kommen da zu keiner Lösung, es ist völlig unmöglich. Mit Autos ist es genauso. Keine zwanzig Prozent Mehrkosten, und die Autos wären völlig nichtrostend. Und da muss ich sagen: Der Mensch als solcher ist ein Depp. Und was kann die arme Kuh dafür? Gar nichts.

Helmut Schmidt, 58 Jahre, Augsburg

Verehrter Herr Schmidt, wer ist Sigmar Gabriel?

Nanami Sarugaki, Sapporo

Das ist der Vorsitzende von der SPD in Deutschland, und ich halte nicht so arg viel von ihm. Ich schaue Fernsehen – da kommt er sehr häufig vor –, und wie er da auftritt, kann mich nicht überzeugen. Unsympathisch wäre zu viel gesagt. Aber er hat nicht die Spitzenposition, wie ich sie mir vorstelle. Er ist als Politikertyp ein Mittelfall. Durchsetzen tut er schon manchmal etwas. Tja. Aber es kommt nicht so rüber. Dass er trotzdem der Vorsitzende ist, hat auch parteiinterne Gründe. Es sind drei Genossen – Gabriel, Steinbrück, Steinmeier –, die sich vor einiger Zeit untereinander abgesprochen haben. Einer macht's halt.

Ein Politiker, wie ich ihn gut finde, muss eine Linie vertreten und beibehalten. Nicht wankelmütig sein und mal diesen, mal jenen Kurs einschlagen. Nun ist Politik natürlich ein schweres Geschäft. Ich war früher in der Industrie, Chemiker, Doktor – pensioniert. Ich war eigentlich immer FDP-Wähler. Jetzt muss ich mir natürlich überlegen, ob das noch richtig ist. Gabriel mit seiner Partei wird meine Stimme aber nicht bekommen.

Helmut Schmidt, 80 Jahre, Ludwigshafen am Rhein

Verehrter Herr Schmidt, wie verbringen Sie das Weihnachtsfest?

Bertold Rambacher, Würzburg

Ruhig und besinnlich und im Kreis von den Verwandten. Am Vormittag von Heiligabend machen wir, also meine Frau und ich, erst einmal den Baum fertig. Den muss ich noch holen. Wollte ihn schon lange holen, jetzt muss ich schauen, dass ich noch einen kriege. Eine mittelgroße Tanne – bloß nicht so eine große! Da hängen wir dann Kugeln, Lametta und verschiedene Figuren dran. Und eine Lichterkette – das mit den Wachskerzen ist mir zu gefährlich. Zu essen gibt es an Heiligabend jedes Jahr etwas anderes; worauf wir eben Lust haben. Ich weiß noch gar nicht, was es dieses Jahr ist. Dass ich in die Kirche gehen werde, weiß ich aber schon. Das mache ich immer so, denn ich bin ja gläubig. Nach der Kirche machen wir einen Spaziergang, außer, wenn es zu kalt ist, dann gehen wir lieber heim. Dann wird noch einmal geredet, und es wird noch etwas getrunken, Glühwein zum Beispiel. Bis man müde ist.

Schenken tun wir uns nur Kleinigkeiten, es gibt keine besonderen Wünsche auf beiden Seiten. Ich sage immer, ich will gar nichts, aber dann bekomme ich doch meistens etwas zum Anziehen: Socken, Krawatten, so etwas in der Richtung. Meiner Frau schenke ich Schmuck: Ketten, Armringe. Ich suche etwas aus, wovon ich denke, dass es ihr gefällt, behalte mir aber das Recht vor, es umzutauschen, wenn es doch nicht das Richtige war. Aber das passt schon oft. Dann verpacke ich es schön, das ist mir wichtig.

Ich freue mich jedes Jahr auf Weihnachten, und gerade die Vorweihnachtszeit ist für mich etwas Besonderes. Weil man zur

Ruhe kommt und ein bisschen in sich geht. Da denke ich über das Jahr nach, das zurückliegt, und über das, was ich vorhabe. Dass man zur Besinnung kommt, finde ich sehr wichtig. Ich bin sehr nachdenklich in dieser Zeit. Es schwankt, je nachdem, was im Jahr passiert ist. Dieses Jahr ist nichts so Gravierendes gewesen, da wird es wohl eher ein fröhlicheres Fest. Aber in Jahren, in denen zum Beispiel jemand gestorben ist, der einem wichtig ist, wird es ernster.

Am ersten Weihnachtsfeiertag kommt dann Besuch. Außerdem: ausruhen, ausschlafen, spazieren gehen, mit Freunden zusammensitzen. Wir haben so ein Schafkopf-Treffen jedes Jahr, wo wir zum Spaß spielen, nicht um Geld. Das ist ganz lustig immer.

Helmut Schmidt, 54 Jahre, Würzburg

Verehrter Herr Schmidt, dürfen Eltern ihre Kinder zu einer veganen Ernährung zwingen?

Michael Seimetz, Valencia

Ich hätte das unseren drei Kindern nie zugemutet. Das sollten die später selbst entscheiden. Und sie essen nach wie vor heute noch Fleisch. Der Enkel ist jetzt 20 Jahre, der isst auch, was wir essen, was alle essen. Ich will Ihnen ganz ehrlich sagen: Ich esse einmal die Woche Fleisch, am Sonntag. Da gehe ich immer essen mit meiner Frau. Ich würde auch gern mehr Fleisch essen, es geht aber nicht. Aus gesundheitlichen Gründen – ich hänge an der Dialyse. Da ist auch der Appetit nicht mehr so da. Aber früher habe ich gern Fleisch gegessen. Oh, die schönsten Sachen! Roulade oder Schmorbraten oder Tafelspitz, Kohlroulade ist auch sehr schön, hat meine Frau oft gemacht. Und als die Kinder klein waren, haben die da mitgegessen. Hat ihnen nicht geschadet.

Ich würde sagen, dass alle Kinder erst einmal ein Recht darauf haben, Fleisch zu essen. Und wenn sie in einem gewissen Alter sind, können sie entscheiden, wie sie weitermachen wollen. Im Fleisch sind ja auch wichtige Sachen drin. Und es schmeckt gut, ja sicher. Heute muss man allerdings auch aufpassen bei den Lebensmitteln, gerade bei den Hähnchen, selbst in den Eiern ist manchmal was drin. Oder sie mischen irgendwo Pferdefleisch mit hinein. Das war doch früher alles nicht.

Helmut Schmidt, 68 Jahre, Hildesheim

Verehrter Herr Schmidt, was halten Sie von Männern, die den Wehrdienst verweigert haben?

Helmut Wieczorek, Kassel

Viel. Im Krieg war ich bei den Pimpfen und habe Panzergräben geschaufelt. Dann sind wir aus Gotenhafen geflüchtet. Wir waren auf der «Hansa». Die «Gustloff» ist an uns vorbeigefahren und torpediert worden. Wir konnten erst später losfahren und sind dann nach Dresden geflüchtet. Dort habe ich mit meiner Mutter und meiner Schwester den großen Angriff 1945 mitgemacht. Meine Mutter ist dabei umgekommen. Als ich in das Krankenhaus kam, in dem sie liegen sollte, war an dem Bett nur noch ein Schild mit ihrem Namen. Sie war schon im Massengrab. Die Schwester wurde nie gefunden. Davon träume ich noch heute jede Nacht. Wie die Frauen da mit den toten Babys stehen. Die Soldaten hatten Barrikaden gebaut. Darauf wurden die Toten mit Flammenwerfern verbrannt. Das habe ich gesehen, da war ich elf und allein. Eingezogen wurde ich nie, denn ich gehörte zum Weißen Jahrgang. Mein Sohn wurde ausgemustert. Damit war ich zufrieden.

Helmut Schmidt, 79 Jahre, Dortmund

Verehrter Herr Schmidt, was in Afrika passiert, interessiert mich nicht. Sie etwa?

Philipp Vollmer, Frankfurt

Beachten tue ich das schon sehr. Mit meinem Leben hat es zwar wenig zu tun, dafür ist das nur sehr indirekt interessant oder relevant. Aber vor allem die politischen Bewegungen in Verbindung mit den Islamisten interessieren mich. Da sind ja immer auch Christen betroffen. Die werden da in die Mangel genommen. Ich bin evangelischer Theologe, da beschäftigt mich das natürlich sehr. Ich war noch nie in Afrika, werde auch nie hinkommen und habe also keine persönlichen Beziehungen dazu. Wir haben uns immer auf Europa beschränkt, mit Ausnahme von Israel. Wenn, würde ich ehrlich gesagt auch lieber woandershin als nach Afrika. Vielleicht noch nach Ägypten. Aber die Frage, wie sich da die Kultur entwickelt und die Wirtschaft, ist wichtig. Es gibt ja keine vernünftigen Regierungen und Systeme dort. Eine geordnete Demokratie oder so etwas wird sich erst langsam entwickeln. Dafür sollte man sich interessieren. Wie kann jemand das nicht tun?

Da ist zunächst mal die Frage, ob man überhaupt über seinen persönlichen Horizont hinausschaut und Interesse daran hat, wie sich global gesellschaftliche und politische Verhältnisse entwickeln. Es ist sozusagen ein mitmenschlich-politisches Interesse. Solange das eigene Gehalt und das eigene Leben nicht direkt betroffen sind, genügt das den meisten. Das finde ich schlecht.

Aber indirekt gibt es natürlich auch Beziehungen in der Form, dass wir wirtschaftlich und kulturell mit Afrika in Verbindung sind. Das könnte sich noch weiterentwickeln. Die Frage, die in diesen Tagen akut ist: Muss man in einem Land, also Mali, militärisch eingreifen, einerseits, um dort Demokratie zu entwickeln oder zu schützen, andererseits auch, um eine mögliche Bedrohung für Europa abzuwenden? Das ist doch ein Anknüpfungspunkt für Interesse, finde ich.

Helmut Schmidt, 87 Jahre, Waldbronn-Busenbach

Verehrter Herr Schmidt, was bedeutet die Wiederwahl Putins als russischer Präsident für Europa?

Jochen Kolb, Frankfurt

Er ist jetzt schon zu lange an der Macht. Wenn man sich überlegt, dass er in der Vergangenheit ja auch nicht immer sehr positiv aufgefallen ist, macht mir das Sorgen. Der Leidtragende ist der einfache Sowjetbürger. Die Deutschen und die Amerikaner trauen sich nicht so recht zu sagen, dass man mit bestimmten Dingen nicht einverstanden ist. Dass Putin jetzt zu Syrien hält, gefällt mir gar nicht, und mir gefällt auch nicht, dass die Rüstungsindustrien involviert sind beziehungsweise dass das im Kalkül der Mächtigen mitspielt. Waffen sind für Putin ein Spielzeug. Das kann man sich so richtig schön vorstellen, wie er an einem großen Tisch sitzt und mit Panzern spielt. Er macht ja auch Truppenbesuche. Ich meine, wenn Angela Merkel mit so einem Panzer mitfährt, sieht das eher ein bisschen skurril aus. Aber so Leute, Männer wie Putin – doch, doch, das ist eine andere Kategorie.

Helmut Schmidt, 50 Jahre, Berlin

Verehrter Herr Schmidt, warum haben die Deutschen bei den Olympischen Spielen 2012 versagt?

Andreas Herrn, München

Sie hätten sich mehr anstrengen müssen. Die Reiter haben ein bisschen was gemacht, aber die Schwimmer haben ja wohl ganz versagt. Das hängt auch mit der Sportart zusammen: Es ist ein Unterschied, ob ich einen Schwimmer habe oder ob ich einen Reiter habe. Ein Reiter ist mit seinem Pferd verwachsen, die verstehen sich, und dann kann etwas Gutes dabei herauskommen. Das Pferd bringt durch seine Charakterstärke den Reiter voran. Der Schwimmer ist allein auf sich gestellt.

Allgemein nehmen die deutschen Sportler das Ganze auf die leichte Schulter. Wir sind nicht wie die Chinesen! Die Chinesen werden mit sieben Jahren rangezogen und dann dementsprechend trainiert. Die Deutschen müssten ehrgeiziger sein, an den Chinesen könnten sie sich ein Vorbild nehmen. Nur: Der Chinese wird ja gezwungen, durch das politische System. Die Amerikaner und die Engländer sind ehrgeiziger als wir. Früher war das anders.

Aber die Veränderung hat nicht nur im Sport stattgefunden, sondern in ganz Deutschland. Das ist nicht mehr so, wie es mal war. Das Gewurschtel in Deutschland, das ist in allen Sparten so. Wir kriegen immer mehr Mischmasch. Ich bin nicht ausländerfeindlich, überhaupt nicht. Ich selbst habe auch im Ausland gearbeitet, jahrelang. Man muss die Menschheit akzeptieren, aber was da so alles abgeht, das kann so keinen Bestand mehr haben. Das schlägt sich dann auch beim Sport nieder. Das Sportliche bleibt auf der Strecke.

Andererseits können wir aber auch nicht alles gewinnen. Andere können auch rudern, andere können auch reiten, andere können auch schwimmen. Da geht ja kein Weg dran vorbei. England gönne ich das, weil es da ausgetragen wurde. Die werden darauf hin trainiert haben. Ich kann mir vorstellen, dass das Früchte getragen hat. Und die Amerikaner sind ja immer gut. Amerika kann man jetzt nicht mit Deutschland vergleichen. Auch vom Menschenschlag her. Die haben viele Farbige, die da in Amerika leben beziehungsweise da immer gewesen sind. Das sind andere Mentalitäten, auch körperlich. Zum Beispiel die Läufer – welches Land ist das, weiß ich jetzt nicht –, das sind ja auch so Malis oder was, die sind immer führend in den Marathonläufen, und das ist ein besonderer Menschenschlag. Die können das, und die machen das, da kommt keiner mit. Aber für die kleinen Länder ist es auch ganz schön, wenn die mal was holen!

Helmut Schmidt, 67 Jahre, Großefehn

Verehrter Herr Schmidt, wie haben Computer unser Leben verändert?

Hans-Georg Carstensen, Hofheim

Mmmh. Wir sind jetzt schon so alt, dass wir uns da nicht mehr drum kümmern. Unsere Kinder haben Computer. Die haben zwar schon mal gesagt, dass wir uns auch einen anschaffen sollen, aber das machen wir nicht. Die Menschen reden weniger miteinander wegen der E-Mails. Gerade die Schulkinder schreiben auch gar keine Postkarten oder Briefe mehr. Das ist der Lauf der Zeit, aber es ist vielleicht nichts Gutes; man sollte den persönlichen Kontakt behalten.

Ich weiß nicht, ob die in den Computern was suchen, was im Leben fehlt. Wahrscheinlich schon. Letzten Endes ist das ein Versäumnis der Eltern. Wir saßen neulich im Biergarten, da saßen neben uns drei Jugendliche, vielleicht achtzehn bis zwanzig Jahre, die haben nur in ihr Handy reingeguckt oder iPhone oder wie das heute heißt. Sahen aber gepflegt aus, wie aus gutem Hause.

Wir schreiben noch Briefe und Glückwunschkarten. Wir kriegen weniger als früher – aber wir kriegen noch. An Geräten haben wir nur ein Festnetztelefon und einen Fernseher. Und ein Handy, aber das wird nur gebraucht, wenn ich wegfahre und unterwegs jemanden anrufen will. Das ist sonst nicht an, mich kann niemand darauf erreichen! Und Briefe schreibe ich jede Woche einen.

Mit meiner Frau habe ich auch Briefe geschrieben, als wir frisch verliebt waren, selbstverständlich! Meine Frau hat meine alle aufgehoben bis heute. Ihre Antwortbriefe habe ich, glaube ich, nicht mehr. Meine Frau sagt, ich hätte sie noch, aber ich wüsste nicht, wo. Wir haben uns ein Jahr Briefe geschickt. Da haben wir beide in München gelebt, aber in unterschiedlichen Stadtteilen. Wir haben uns auch getroffen und telefoniert. Aber im Brief konnte ich Gedanken ausdrücken, die ich am Telefon oder im direkten Gespräch nicht so gut rübergebracht hätte. Aber dann sind wir ein bisschen enger zusammengekommen, und da haben wir dann nicht mehr geschrieben. Das war eine schöne Kommunikationszeit.

Helmut Schmidt, 70 Jahre, Eggenfelden

Verehrter Herr Schmidt, wie denken Sie über Willy Brandt?

Stephan Kullmann, New York

Er hat sich große Verdienste um Deutschland erarbeitet. Von daher war er sicher ein angesehener, geachteter Mann. Er hat auch, glaube ich, sehr viel zur Ostpolitik beigetragen. Aber seine politischen Stärken im Detail beurteilen kann ich jetzt nicht. Es ist doch schon ziemlich lange her. Damals war ich ja Anfang zwanzig. Brandt ist mir immer wie einer vorgekommen, der ehrlich zu den Arbeitern war, deswegen war ich einverstanden mit ihm. Ich habe ihn damals auch gewählt. Willy Brandt war ja schon irgendwo eine Lichtgestalt. Auch, weil er immer dem Volk recht nahe war. Zumindest hat er dieses Gefühl vermittelt. Er ist viel auf die Leute zugegangen, die ihr Leben als Arbeiter verbracht haben, und er war sehr respektvoll. Ich bin zwar heute in einem gehobenen Angestelltenverhältnis, aber es war mir immer wichtig, wie Politiker mit den Arbeitern umgehen.

Ich glaube schon, dass solche Typen wie Willy Brandt heutzutage fehlen. Der Steinbrück könnte von ihm noch etwas lernen. Steinbrück kommt mir manchmal so vor wie ein Selbstdarsteller: Ich bin der Größte, ich bin der Beste. Das habe ich bei Brandt nicht mitbekommen. Eine andere Lichtgestalt, an die ich mich erinnere, war übrigens ganz klar Helmut Schmidt.

Helmut Schmidt, 58 Jahre, Gaimersheim

Verehrter Herr Schmidt, wo fängt Sexismus für Sie an?

Ludwig von Kommsöf, Frankfurt

Das ist so eine Sache. Wenn ich in der Öffentlichkeit stehe, muss ich mich ein wenig zurückhalten. Im Grunde finde ich das mit dem Sexismus aber nicht so schlimm. Früher, als wir unsere Mädels kennengelernt haben, mussten wir die ja auch irgendwie ansprechen. Wir mussten sie auch mal anfassen, und wenn wir uns getraut haben, gaben wir ihnen auch schon mal ein Küsschen. Es geht doch gar nicht anders!

Wenn wir Mädchen angesprochen haben, sind wir auf das Sexuelle aber nicht eingegangen. Ich habe meine Frau kennengelernt auf dem Tanzsaal, da war ich zwanzig. Rein durch Zufall habe ich beobachtet, wie ein junges Mädel einem Mann – wahrscheinlich wurde er ihr lästig – einen Korb gab. Da hat er geschimpft und getobt wie ein Verrückter. Ich habe sie aus dieser Situation gerettet, indem ich sie aufgefordert habe. Da hat sie mit mir getanzt, und in dem Moment hatte ich Gefallen an ihr gefunden. Und voriges Jahr haben wir goldene Hochzeit gefeiert.

Helmut Schmidt, 72 Jahre, Hövelhof

Verehrter Herr Schmidt, sollte man aufhören, wenn es am schönsten ist?

Helmut Kürsch, Kassel

Das ist mir egal, ich richte mich nicht nach irgendwelchen Sprüchen. Ich bin flexibel und orientiere mich nie an starren Regeln. Man muss eben aufhören, wenn man aufhören muss. Ein Beispiel: Ich habe als Versicherungsfachangestellter gearbeitet. Als ich 58 war, bin ich in den Vorruhestand gegangen – das habe aber nicht ich entschieden, sondern meine Gesundheit! Leider kann ich meinen Ruhestand nicht genießen – wieder deshalb, weil die Gesundheit dagegen spricht. Ich kann nicht mehr ins Ausland verreisen, was ich früher gern gemacht habe. Aber ich bereue nichts. Ich habe früher zeitmäßig und auch geldmäßig ausgekostet, was ich konnte. Heute lasse ich mich nicht unterkriegen. Keine Vogel-Strauß-Politik. Und ich höre auch noch nicht auf.

Helmut Schmidt, 76 Jahre, Bremen

Verehrter Herr Schmidt, wie sollen wir unsere Kinder erziehen?

Verena Maria Zimmer, Heidelberg

Das ist eine schwierige Sache, die heute ganz anders ist als früher. Man kann den Kindern heute leider kaum noch beibringen, dass sie Pflichten haben. Dass es nicht immer ums Kriegen geht, sondern dass sie auch einmal selbst etwas geben müssen. Wir haben unsere Kinder noch anders erzogen. Schauen Sie, unser ältester Sohn ist heute sechzig – das ist lange her, dass wir ihn erzogen haben. Unsere Kinder hatten Pflichten. Sie mussten mithelfen, und wenn sie einkaufen gegangen sind, mussten sie das Wechselgeld bis auf den Pfennig abgeben. Sie haben auch nicht zu allen möglichen Anlässen haufenweise Geschenke bekommen. Und trotzdem sind sie groß geworden und akkurat.

Heute haben wir schon Urenkel. Die sind sehr viel lascher erzogen worden. Als Urgroßvater habe ich keinen Einfluss darauf gehabt. Die Kinder heute haben zu viele Freiheiten, sie können alles machen und haben Fernsehen und alles. Sie sehen zu viel, was eigentlich noch nicht für Kinder geeignet ist.

Ich selbst bin als Einzelkind in einer ganz kleinen Landwirtschaft groß geworden. Da gab es vieles, was für mich selbstverständlich war, und vieles, was nie zu erreichen war. Selbstverständlich war zum Beispiel, dass ich richtiges Essen bekommen habe, das natürlich war. Schokolade gab es auch mal – aber selten. Und vor allem: Mittags gab es Suppe, und die musste aufgegessen werden. Wenn etwas übrig geblieben war, gab es das abends noch einmal. Da konnte man nicht sagen: Ich will nicht. Das kriegte ich wieder, bis ich das aufgegessen hatte. Es hat mir nicht geschadet.

Völlig unerreichbar waren damals viele Sachen. Aber es hat sich später alles irgendwie geregelt. Ich war zufrieden und nie neidisch.

Wir wollten aber immer, dass es unseren Kindern besser geht, als es uns ergangen ist. Es gibt so viele Dinge, die man sich wünschen würde heutzutage. Guten Tag sagen, Mütze abnehmen beim Essen und so weiter und so fort. Na ja. Das führt zu weit.

Helmut Schmidt, 86 Jahre, Halberstadt

Verehrter Herr Schmidt, welche britischen Politiker imponieren Ihnen oder haben Ihnen einmal imponiert?

Simon Shackleton, Leicester

An Großbritannien gefällt mir gar nichts. Vor allem nicht die Menschen. Ich habe die Leute im Urlaub kennengelernt, und zwar war das auf Teneriffa. Na ja, mein Fehler vielleicht – ein internationales Hotel, nur Engländer. Ich war der einzige Deutsche. Und dann lag das Hotel noch ein bisschen außerhalb. Was passierte? Getrunken, Schlägereien ohne Ende, und wie die Frauen sich benehmen – schlimm.

Ich habe auch schon andere Sachen von den Engländern gehört, wo ich sagen muss: Das ist nicht mein Ding. Politiker und wie sie sich wehren, wenn es um den Euro geht. Die sehen eigentlich nur ihren eigenen Vorteil, die Gemeinschaft zählt da nicht so viel. So kommt das Gefühl jedenfalls herüber. Oder wenn ich mich daran erinnere, wie es war, als Maggie Thatcher gestorben ist – die Jubelgesänge. Die Leute wissen überhaupt nicht, was die Frau für ihr Volk getan hat.

Und wenn ich dann noch dieses Königshaus sehe! Das ist doch unnormal. Selbst hier in Deutschland wird das so hochgespielt, da wird die Hochzeit gezeigt oder wer weiß was. Was gehen mich diese Leute an? Königshäuser: Wodurch haben sie ihren Reichtum? Durch Mord und Totschlag, Leute bestohlen, das weiß man doch alles. Die haben vor Hunderten von Jahren so viel Reichtum angehäuft, dass sie heute noch davon leben können.

Helmut Schmidt, 63 Jahre, Schwentinental

Verehrter Herr Schmidt, der berühmte kategorische Imperativ Immanuel Kants ist über zweihundert Jahre alt. Ist für Sie nach so langer Zeit eine Modernisierung vorstellbar, ja vielleicht sogar nötig?

Wolfgang Wirth, Bonn

Nein. Wenn sich solche philosophischen Bemerkungen und Festlegungen bewährt haben, wieso sollten sie verändert oder ad acta gelegt werden? Der kategorische Imperativ leuchtet mir durchaus ein. Es kann sein, dass ich tatsächlich unter Umständen gezwungen bin, so einen Imperativ zum Leitfaden zu machen. Den Studenten der heutigen Zeit sollte beigebracht werden, was der kategorische Imperativ überhaupt bedeutet, welchen Zwang er auf den Einzelnen ausüben kann. Durchs Studium der Geowissenschaften angeregt, über philosophische Fragen nachzudenken, habe ich mich dafür interessiert und mir gelegentlich Wissen darüber angeeignet. Das kann nicht schaden, und wenn ein Akademiker das tut, ist es ein Zeichen dafür, dass er nicht zu einseitig ausgebildet sein will. Wer ein Fach studiert hat, in dem es nach streng physikalischen Gesetzen vor sich geht, kann durchaus nicht einsehen, warum man philosophische Fragen unbedingt beachten muss. Die sind für den Einzelnen sowieso schwer zu verstehen. Ich halte es aber für notwendig, sein Handeln danach auszurichten.

Welche Rolle der kategorische Imperativ heute in meinem Leben spielt, ist schwer zu sagen; dazu möchte ich eine etwas unentschiedene Haltung einnehmen. Ich habe zwei Enkel: Einer ist Rechtsanwalt, einer Diplomingenieur. Der Rechtsanwalt denkt anders als der Diplomingenieur. Und ich denke noch mal anders.

Wobei ich mich in meinem Denken nicht unbedingt in das Denken meiner Enkel einbringen will. Sie sind selbst verantwortlich für ihr Leben. Man muss so eine gewisse Lebenslinie haben, an die man sich hält und die das eigene Sein bestimmt und das eigene Handeln. Ich würde den jungen Menschen empfehlen: Tue Richtiges und denke langfristig.

Helmut Schmidt, 88 Jahre, Berlin

Verehrter Herr Schmidt, was macht der Kapitalismus mit uns?

Frederike Kindler, Frankfurt

Der Kapitalismus wird immer größer. Alles wird immer mehr. Ich bin ja ein Kriegskind und habe die schlechten Zeiten noch erlebt. Man muss dankbar sein für das, was erreicht wurde. Diese Einstellung ist verlorengegangen. Das sehe ich an der Jugend, die nichts mehr leistet im eigentlichen Sinne. Ich habe mit 14 Jahren angefangen als Lehrling. Kfz-Mechaniker. Da habe ich vierzig, fünfzig Stunden in der Woche gearbeitet und abends und samstags in der elterlichen Landwirtschaft mithelfen müssen. Im ersten Lehrjahr habe ich 25 Mark im Monat bekommen. Ein Paar Schuhe hat 30 gekostet. Ich habe mich hochgearbeitet vom Lehrling zum Meister.

Heute erlebt man das nicht mehr so. Jeder will nur etwas bekommen, aber nichts dafür geben. Wenn ich höre, dass junge Leute drei Lehrstellen nacheinander abbrechen, bin ich enttäuscht. Meine drei Söhne sind auf dem Teppich der Tatsachen. Sie sind alle bei der Berufsfeuerwehr.

Nach meiner Meinung wird es trotz allem nichts Besseres als die Demokratie und auch den Kapitalismus geben. Nur sollten auch die hohen Herren auf dem Teppich bleiben. Es muss keiner 17 Millionen im Jahr verdienen. Fünf oder sechs reichen auch. Mehr als essen und trinken und mal in den Urlaub fahren kann ja niemand.

Helmut Schmidt, 74 Jahre, Karlsruhe

Verehrter Herr Schmidt, soll Griechenland in der Eurozone bleiben?

David Urban, Frankfurt

Die Griechen sollen zu ihrer Drachme zurückkehren. Ich sage: Lieber ein Ende mit Schrecken als ein Schrecken ohne Ende. Es bleibt ja nicht bei Griechenland. Da kommt Spanien dazu, Italien sowieso, die sind ja schon geübt in der Sache. Wenn unsere Frau Bundeskanzlerin so weitermacht, dann ist unser Land am Ende ihrer Regierungszeit ruiniert. Die Frau gerät jetzt langsam in einen Größenwahn, die möchte Europaministerin werden.

Die Verträge mit den Griechen haben unsere klugen Politiker wirklich schlampig ausgearbeitet – das hat ja geeilt, als ob die Welt untergegangen wäre, wenn man sich Zeit genommen hätte. Die Griechen wären dumm, wenn sie das nicht ausnutzen würden. Und wenn man sich ein bisschen befasst hat mit der griechischen Mentalität, wenn da also Verstorbene immer noch Rente beziehen und wenn jeder Billettabreißer im Kino Beamter ist, mit Pensionsberechtigung und so weiter und so weiter, weiß man: Des is' a Fass ohne Boden. Alleine da auszusteigen, schafft Deutschland wahrscheinlich nicht. Ich hoffe, dass dieser neue französische Präsident nicht da weitermacht, wo der alte aufgehört hat. Das Verhältnis Sarkozy–Merkel war ja nicht mehr ansehbar, viel zu nett. Die Frau Merkel – haha, wie soll man das bezeichnen?

Jedenfalls ist die Sache so: Dieses Griechenland ist wie ein Eimer, der ein großes Loch hat. Sie können ewig Wasser reinschütten, der Eimer wird nie voll. So, wie es jetzt ausschaut, ist das Loch nicht mehr zu stopfen. Da gibt's ein schönes Lied: «Ein Loch ist im Eimer». Das ist sehr humoristisch – aber bezeichnend.

Da singt also einer «Ein Loch ist im Eimer», und ein anderer sagt dann «Stopf es», gell? – «Mit was denn?» – Da sagt er: «Mit Stroh.» Da sagt der: «Ich hab kein Stroh», und so weiter und so weiter. Ist ein schönes Lied. Am Schluss vom Lied bleibt das Loch aber offen und wird auch offen bleiben.

Die kleinen Leute in Griechenland tun mir leid, die verlieren ihre Renten. Aber auch hier leiden die Leute, freilich. Ich hab ein kleines Sparkonto. Man muss befürchten, dass das flöten geht auf irgendeine Art und Weise.

Helmut Schmidt, 81 Jahre, München

Verehrter Herr Schmidt, Sie waren lange glücklich verheiratet. Was ist das Geheimnis einer guten Ehe?

Almut Tarquini, Offenbach

Unmittelbar nach dem Krieg habe ich meine Frau geheiratet. Wir haben nie Krach gehabt. Durch eine Krankheit aus dem Krankenhaus ist sie vor einem Jahr gestorben. Nun habe ich niemanden. Abends kommt eine Schwester von der Kirche, und morgens kommt auch eine Schwester und legt mir die Tabletten zusammen. Mittags kriege ich Essen auf Rädern. Aber ich bräuchte ein weibliches Wesen. Ich bin so viel allein und mache auch das meiste allein. Nachmittags sehe ich mir immer eine Fernsehsendung an. Dann trinke ich Kaffee. Und dann gehe ich in den Garten – ich züchte Gurken und Tomaten, die verschenke ich. Dann komme ich wieder rein und mache mein Abendbrot. Dann gehe ich ins Bett, jeden Abend um acht Uhr.

Ich habe probiert, jemanden zu finden, aber entweder sind sie geschieden und wollen keine Männer mehr, oder sie sind zu jung. In meinem Alter macht man keine geschlechtlichen Dummheiten mehr. Ich suche eine Frau, die Spaß daran hätte, mit mir noch ein paar Jahre zu leben. Mein Arzt sagt immer wieder: Herr Schmidt, Sie werden über hundert Jahre alt, Sie sind kerngesund. Ich bleibe in Form und kann auch noch denken. Schön wäre es, wenn sich auf diesem Wege ein weibliches Wesen melden würde.

Helmut Schmidt, 90 Jahre, Düren

Verehrter Herr Schmidt, Wolfgang Schäuble hat in einem Interview gesagt, er könne sich eine Volksabstimmung über eine neue Verfassung vorstellen. Sind Sie für mehr direkte Demokratie?

Stephan Vogel, Rüsselsheim

Ich wäre gegen die Volksabstimmung, weil das meistens sehr operativ ist und sehr emotional. Ich habe noch nie an einem Volksentscheid teilgenommen, nur an normalen Wahlen. Ich bin jemand, der wählen geht – immer. Oft bin ich aber enttäuscht, was mit meiner Stimme gemacht wird. Die Politiker versprechen meist vor der Wahl mehr, als sie einhalten. Die, die das danach falsch oder anders machen, müssten für ihr Fehlverhalten selbst verantwortlich gemacht werden, sogar materiell. Die Bürger sollten nicht dafür geradestehen müssen.

Wie das Land immer mehr verschuldet! Ich habe gerade in der Zeitung gelesen, wie hoch Deutschland verschuldet ist, wo wir alles bezahlen – ein Wahnsinn. Wir zahlen immer noch an vielen Stellen, wo es uns gar nicht mehr betreffen dürfte – ich denke an die Zeit des Dritten Reiches, an Hitlers ganze Fehlentwicklungen, wo wir noch alles bezahlen weltweit –, das sehe ich einfach nicht ein. Wir zahlen in Israel, wir bezahlen sogar Palästina, dann bekämpfen die sich gegenseitig, wir sind auch in Brüssel der größte Zahlmeister, und in den Vereinten Nationen sind wir drittgrößter weltweit. Das ist eine irrsinnige Entwicklung, wir verschulden immer mehr.

Das Mittel dagegen wäre, dass die Politiker nicht immer ihre Diäten erhöht kriegen, sie müssen materiell negativ mit herangezogen werden. Eine Volksabstimmung zum Thema Diäten – ja, da würden die Bürger schon richtig abstimmen.

Helmut Schmidt, 71 Jahre, Jena-Lobeda

Verehrter Herr Schmidt, soll die Scharia in Deutschland gelten, wenigstens für Muslime? Zum Beispiel im Scheidungsrecht: Wer sich von seiner Frau trennen möchte, muss nur sagen: «Ebbe hammas, ebbe hammas, ebbe hammas»?

Ludwig von Kommsöf, Frankfurt

Von den ganzen Muslimen und Salafisten will ich nichts mehr hören. Ich bin nicht dafür! Die sollen alle ihren Glauben haben. Die sollen uns aber in Ruhe lassen. Dafür bin ich! Das nimmt langsam überhand hier in Deutschland. Hier bei uns haben wir doch Gesetze und Rechte, und wenn diese Menschen, sage ich mal, nicht verstehen, was wir für eine Meinung hier in Deutschland haben, dann müssen sie dahin gehen, wo sie herkommen und wo sie das machen können. Bei uns in Deutschland gelten die deutschen Gesetze und keine anderen. Ich kann auch nicht in die Türkei gehen und sagen, ich mache das und das, dann bin ich ganz schnell im Knast. Mir kann aber nichts passieren, ich mache das erst gar nicht. Ich gehe nämlich zum Beispiel gar nicht in eine Moschee rein. Ich brauche keinen Allah, damit habe ich nichts am Hut.

Es ist alles schön und gut, wenn sie sich daran halten, wie unsere Sitte eben ist in Deutschland, aber das machen sie ja nicht, ums Verrecken nicht. Ich lebe mitten im Stadtzentrum. Wenn ich da durch die Straßen gehe und sehe, wie einige Zuwanderer leben: Die werfen ihr Mobiliar auf die Straße, und dann bleibt das liegen. Da müssen sich andere Menschen darum kümmern, dass das wegkommt. «Ebbe hammas» habe ich da noch nie gehört. Mir reicht es aber so schon, was ich alles höre und lese! Ich habe sechsundvierzig Jahre in meinem Leben gearbeitet, und was ist? Gut, ich habe eine einigermaßen gute Rente und komme gut zurecht, aber andere bekommen das Geld in den Hintern gesteckt für Nichtstun. Mich interessiert das im Großen und Ganzen nicht, nur: Da muss mal was gemacht werden.

Das war jetzt ein bisschen brutal vielleicht, aber das ist meine Ansicht.

Helmut Schmidt, 66 Jahre, Essen

Verehrter Herr Schmidt, wer trägt die politische Schuld an den alljährlichen Grippewellen? Und sind Sie auch betroffen?

Yessica Stellberg, Schönborn

Ich lasse mich immer vorbeugend impfen, ich habe keine Grippe. Meine Frau auch nicht. Eigentlich sollten die Menschen für sich selbst verantwortlich sein. Dann hätten sie keine Grippe. Ich lasse mich auch alle zwei Jahre durchchecken, das muss man schon machen. Man kann ja nicht weglaufen davor.

Bloß einmal im Jahr laufe ich weg, dann bin ich vier Wochen auf Teneriffa. Immer im Januar. Grippe gibt es da nicht. Es ist bis 32 Grad warm. Da kann man baden, ja sicher. Aber es ist kühl und auch gefährlich im Ozean. Der Mensch muss dort auf sich aufpassen, es ist wie mit der Grippe: Was soll man da als Politik machen?

Helmut Schmidt, 68 Jahre, Karwitz

Verehrter Herr Schmidt, was hat Sie bewogen, in die Politik zu gehen?

Karsten Abendroth, Viersen

Das war natürlich Helmut Schmidt. Er hat mir Ende der sechziger Jahre sehr imponiert. Also bin ich in die SPD eingetreten. Ich stamme aus einer Arbeiterfamilie, von daher passte es. Meine Ausbildung in der Gemeindeverwaltung hatte ich damals schon abgeschlossen. Danach bin ich büroleitender Beamter geworden. Da musste man neutral sein, also habe ich den großen SPD-Mann nicht so raushängen lassen. Ich habe dem Bürgermeister zugearbeitet. Und als dann mein letzter Chef ging, stand ich vor der Frage: Willst du weiter so arbeiten, im Hintergrund, oder bewirbst du dich als Bürgermeister? Das Zweite habe ich dann gemacht, und die Wahl war ein großer Erfolg, ich bekam 66 Prozent. Das war 1994. Danach war ich 18 Jahre lang Bürgermeister. Nach der dritten Wahlperiode habe ich beschlossen, dass ich in Pension gehe. Ich habe also mein ganzes Leben lang in der Gemeinde gearbeitet, war sozusagen der «gelernte Bürgermeister» – das hat der Landrat bei meinem 50. Geburtstag mal gesagt.

Es hat dann mit 63 aber auch gereicht. Als Politiker ist ja nicht alles Gold, was glänzt: Die Familie leidet darunter, ich hatte wenig Zeit für sie. Wenn wir einfach einmal fröhlich auf der Kirmes beisammen sein wollten, kam immer einer an: «Herr Bürgermeister, was ich Sie immer schon mal fragen wollte …» Wenn ich Abendtermine hatte, goldene Hochzeiten und so etwas, hat meine Frau oft gesagt: «Musst du denn da hin?» Dann heißt es aber natürlich: «Warum ist der Bürgermeister denn bei dem und dem gewesen, und zu mir kommt er nicht?» Auch meine Freundschaften litten.

Ich war immer gegen 7.20 Uhr im Büro, bis 18 Uhr oder noch länger. Danach gab es noch verschiedene Sitzungen. Aber ich habe es gerne gemacht – es war ja nicht für mich, sondern für die Gemeinde, für die Bürger.

Ein Höhepunkt war die Grenzöffnung. Da war ich zwar noch nicht Bürgermeister, aber im Rathaus hatte ich trotzdem viel damit zu tun. Am ersten Wochenende sind 2,5 Millionen D-Mark Begrüßungsgeld ausgezahlt worden. Das war eine große logistische Leistung. Und dann all die Leute, die sich um den Hals gefallen sind – das hat mich sehr bewegt.

Als Politiker habe ich nie nach Parteibuch gehandelt, sondern immer Kompromisse gesucht. Welche Eigenschaften man sonst braucht? Sie müssen standhaft sein und Überzeugungsarbeit leisten können.

Helmut Schmidt, 63 Jahre, Herleshausen

Verehrter Herr Schmidt, und was hören Sie so?

Mirzamorad Aydar, Frankfurt

Unterhaltungsmusik, auch hin und wieder klassische Musik. Mit Unterhaltungsmusik meine ich englische Lieder. Auf Pop- und Rockkonzerten war ich aber nie. Meine Freunde und ich haben eher gelesen. Später wurde ich Oberstudienrat, Deutsch und Englisch waren meine Fächer. Von den klassischen Sachen höre ich Mozart gern, Beethoven, Wagner ist mir oft ein bisschen schwer. Musikantenstadl und so etwas liegt mir gar nicht.

Bei uns in der Nachbarschaft lebt ja Andrea Berg, die Schlagersängerin. Die ist zwar auch nicht mein Fall, aber sie wird in letzter Zeit häufig im Fernsehen gezeigt, und überall, wo ich hinkomme in Deutschland, kennt man sie. Ich habe sie mal im Gasthaus getroffen, wo sie mit ihrer Clique hinging. Wenn sie privat unterwegs ist, hat sie keine Starallüren, da wirkt sie ganz unauffällig. Wenn man sie nicht kennen würde, fiele sie einem gar nicht auf.

Ihr Mann hat im Nachbarort ein Stadion, da tritt sie auch auf. Der Mann ist ja Fußballspieler-Vermittler, zum Beispiel Gomez und solche Spieler vermittelt er, fast die ganze Jugend vom VfB Stuttgart. Er hat auch eine Fußballmannschaft. Und wenn jedenfalls Andrea Berg in dem Stadion auftritt, kommen massenhaft Omnibusse aus ganz Deutschland, und man bekommt im ganzen Umkreis kein Hotel mehr, da sind dann zehn-, fünfzehntausend Zuschauer. Es gibt immer wieder Proteste, weil Leute hier sich vom Lärm belästigt fühlen. Bei uns hört man aber nichts, höchstens das Feuerwerk am Ende.

Helmut Schmidt, 71 Jahre, Backnang

Verehrter Herr Schmidt, Bedienungen verdienen sieben Euro pro Stunde und müssen ihr Trinkgeld an den Chef weiterreichen. Wo leben wir eigentlich?

Dr. Jürgen Sänger, Freigericht

Das frage ich mich auch. Trinkgelder sollten die bekommen, die eine Leistung abgeben. Und wenn man über einen Sieben-Euro-Stundenlohn spricht, spricht man über brutto. Netto sind das 3,50 oder 3,70 Euro. Es gibt eine ganz schöne Schieflage in der Lohnstruktur. Mit meiner Frau gehe ich öfter in Essenslokale. Da trifft man dann auf Kellner. In der Regel gilt: Wenn man freundlich zu ihnen ist, wird man auch gut behandelt. Ich bleibe deswegen gelassen, wenn mal etwas schiefgeht. Trinkgeld gebe ich immer. Meine Faustformel ist: 2,50 Euro pro Nase. Unabhängig davon, wie viel das Essen gekostet hat. Na ja, nicht immer. Wenn ich im normalen Lokal nur ein Bier bestelle für 1,70 Euro, runde ich auf zwei Euro auf. Es geht ja bei dem Ganzen auch um die Leistung, die man nicht sieht: das Aufräumen zum Beispiel, wenn die Gäste weg sind. Das wird von vielen gar nicht honoriert. Ich selbst habe nie gekellnert, aber meine Kinder arbeiten beide in der Bäckerei im Verkauf, und die sind auch nicht gerade gesegnet mit Geld. Trinkgeld bekommen sie nicht, aber es gibt ein Sparschwein, in das der Kunde seinen Obolus tut.

Helmut Schmidt, 48 Jahre, Südbrookmerland

Verehrter Herr Schmidt, gibt es die Hölle?

Alfred Brenger, Winterberg

Ja. Ich glaube insofern an die Hölle, als ein Zustand denkbar ist, der das Unrecht, das man als Mensch getan hat, irgendwie kompensiert. Im negativen Sinne kompensiert – bestraft. Man kann es Hölle nennen oder auch anders. Ich bin gläubiger Christ und glaube an die Hölle – ohne mir konkrete Vorstellungen darüber machen zu können. Die Hölle vermeiden kann man nur, indem man ein tugendhaftes Leben führt. Ist jemand einmal in der Hölle angekommen, gibt es kein Entrinnen mehr von dort. Da stelle ich mir zum Beispiel Adolf Hitler vor. Bei solchen Menschen gibt es keine Reue mehr, kein: «Das tut mir aber leid, was ich da gemacht habe, damals im 20. Jahrhundert, das war ja furchtbar, I'm sorry.» Das wäre ja ein Schlag ins Gesicht für alle Menschen, die versuchen, sich zeit ihres Lebens richtig zu verhalten.

Helmut Schmidt, 77 Jahre, Simmerath

Verehrter Herr Schmidt, zahlreiche hohe Staatsämter leiden in jüngster Zeit aufgrund ihrer personellen Besetzung unter Ansehensverlust. Nun hat Deutschland auch noch seinen Titel als Papst verloren. Ist es vor diesem Hintergrund nicht überfällig, ein Königshaus in Deutschland zu installieren, an dessen Spitze eine moralische Instanz steht?

Tobias Weingartz, Bonn

Absolut lächerlich finde ich das. So operettenmäßig wäre es vielleicht nicht schlecht, aber in echt? Nein. In Deutschland ist die Tradition dafür gar nicht mehr da. In England beispielsweise schon. Die haben auch viel Geld, weil ihnen ja große Landschaften und was darauf wächst und steht, gehören. In London habe ich mich einmal stark gewundert. Man hat da geschossen! Aus so Haubitzen. Das war zur Nachfeier des Geburtstags der Königin. Das war ganz toll. Aber wir brauchen das nicht.

Wir hier in Franken haben auch mit den bayerischen Königen nichts zu tun. Wobei ich jetzt sagen muss: Diesen Ludwig tut man ja immer als – na ja – seltsamen und prassenden König ab, aber er hat keinen Krieg geführt. Deswegen musste er dann auch weg, weil er nicht richtig gespurt hat. Insofern war er gar nicht so verkehrt. Und für die Nachkommen hat er ja genug Sehenswürdigkeiten geschaffen.

Helmut Schmidt, 65 Jahre, Nürnberg

Verehrter Herr Schmidt, was hat die Wiedervereinigung Deutschland gebracht?

Lutz Kallmeyer, Schierke

Ich habe mir darüber keine weiteren Gedanken gemacht. Politisch war das so gewollt, und dann ist das halt so. Es passt, sage ich mal. Mich freut es für die zerrissenen Familien, die dann wieder überall hinfahren konnten. Die Freiheit und so. Keine Grenzen – das ist immer gut. Dass manche Leute das ausnutzen, ist sowieso klar.

An den Tag, an dem die Mauer aufgemacht worden ist, kann ich mich nicht mehr erinnern, denn ich wohne im tiefsten Bayern. Ganz genau weiß ich aber noch, wie wir 1991 den Berlin-Marathon gelaufen sind, und das war schön, die Freude von den Leuten zu sehen, die uns die Hände abgeklatscht haben, und einmal durch das Brandenburger Tor zu laufen. Davor war ich nie im Osten, weil ich mir immer gedacht habe: Mensch, diese ganzen Kontrollen.

Die Mentalität da ist ganz anders als bei uns in Bayern. In unserem Ort wohnt zwar kein Ostdeutscher, aber ich arbeite in meiner Firma mit vielen zusammen. Die integrieren sich genauso wie einer aus Frankfurt oder Hamburg. Ich merke aber, dass die nicht viel Lust zum Sparen haben. Die konsumieren einfach, denn das konnten sie früher nicht. Die leben ein bisschen ungeplant, habe ich das Gefühl. Es ist interessant, mit denen zu reden darüber, wie es früher war. Es war nicht alles schlecht in der DDR – das sagen die Leute immer wieder.

Was die Investitionen im Osten betrifft, ist meine persönliche Meinung, dass da langsam wieder einmal ein Gleichgewicht hergestellt werden müsste. Speziell hier bei uns gibt es auch viele schlechte Straßen, wir haben keine Post mehr im Ort, und die Infrastruktur wird schlechter. Ich kann nicht hinter die Kulissen schauen – ist der Osten schuld, oder ist die Politik schuld?

Im Osten war ich jedenfalls noch nicht wieder, auch nicht auf Reisen, obwohl ich mir schon viele Reportagen darüber angeschaut habe und es mir auch gefallen hat: Ostsee, Rügen, Mecklenburgische Seenplatte … Aber wenn ich in Urlaub fahre, dann sollte es klappen. Wir haben nicht so viel Geld zur Verfügung, und wenn wir in Urlaub fahren, möchte ich eine Schönwetter-Garantie. Als Rentner aus Kostengründen in den Osten zu ziehen, kann ich mir nicht vorstellen. Ich stamme aus dem Ort, wo ich jetzt noch wohne, und außerdem ist das weit weg. Die Grenze zu Österreich ist viel näher.

Helmut Schmidt, 51 Jahre, Tittmoning

Verehrter Herr Schmidt, sind Frauen die besseren Politiker?

Lena Kurzweil, Brunnen

Sie machen jedenfalls einiges anders. Man sieht es ja bei der Merkel und den Männern. Während die nach vorne preschen und Schnellschüsse abfeuern, wartet die Kanzlerin erst einmal ein bisschen ab. Ich selbst arbeite ja auch öfters mit Damen zusammen, und da habe ich die Erfahrung gemacht, dass Frauen lieber mit Männern zusammenarbeiten als mit Frauen. Da gibt es nämlich Zickenkrieg. Bei Männern gibt es dafür Kompetenzgerangel. Wenn da eine Dame ist, und ich weiß, dass sie weiß, wovon sie spricht, hat man keinen Ärger. Wenn die Frau etwas nicht weiß, sagt sie eher: Machen Sie das. Der Mann lässt den Max raushängen. Und so ist es ja auch in der Politik.

Kompetenz ist das Wichtigste. Sobald eine Frau nicht kompetent ist und das aber nicht zugeben will, fängt sie an zu zicken. Aber wenn es darum geht, Kompromisse zu finden und verschiedene Dinge zusammenzubringen, ist die Frau – genetisch, behaupte ich jetzt mal – dem Mann überlegen. Das sieht man schon daran, wie eine Frau den Haushalt schmeißt. Das ist ein Managerjob: Kind versorgen, einkaufen, eventuell noch den eigenen Beruf nebenbei machen. Neunzig Prozent der Männer würden kollabieren, wenn sie vor denselben Problemen stünden.

Helmut Schmidt, 50 Jahre, Geseke

Verehrter Herr Schmidt, woran merken Sie, ob Sie einem Arzt vertrauen können?

Friedeborg Schmid, zzt. Gerolstein

Ich gehe selten zum Arzt. Aber bei einem war ich mehrmals. Das war ein sehr guter Arzt. Er hat mich gründlich untersucht, zweimal innerhalb einer kurzen Zeit. Wir hatten nämlich einen Wasserschaden. Da war die Decke in der Küche und im Bad schimmlig. Meine Frau hatte Asthma, und sie hat fünf Jahre lang den Schimmel eingeatmet. Einen Monat bevor sie starb, haben wir von dem Schimmel erfahren. Sie hat Krebs gehabt, aber an was sie gestorben ist, weiß ich nicht. Jedenfalls habe ich mich dann zweimal untersuchen lassen. Aber nicht von dem Arzt, der das mit dem Schimmel festgestellt hatte, denn der ist dann auch gestorben. Mir ist ein anderer Arzt empfohlen worden, da bin ich mit der Straßenbahn hingefahren. Der Arzt war sehr freundlich. Ich bin allerdings auch privat versichert, früher war ich Beamter beim Fernmeldeamt. Der Arzt hat noch einen Kollegen hinzugezogen. Ich war aber gesund.

Einmal war ich auch bei einem Nervenarzt, weil ich an der Hand operiert worden bin. Der eine Arzt hat gesagt, ich kriege erst im Juli oder August einen Termin, und bei einem anderen Arzt bin ich gleich drangekommen. Und der hat festgestellt, dass ich seit zwanzig Jahren jeden Monat eine Spritze hätte bekommen müssen. Das war auch ein guter Arzt.

Helmut Schmidt, 75 Jahre, Karlsruhe

Verehrter Herr Schmidt, darf man lügen?

Emil (8 Jahre), Kronberg

Mein Mann ist gerade nicht da, aber ich kann die Frage in seinem Sinne beantworten. Es spielt überhaupt keine Rolle, dass die Frage an Helmut gerichtet ist, denn wir teilen uns sowieso eine Meinung. Das geht ja gar nicht anders, sonst wären wir nicht schon seit 50 Jahren zusammen und seit 46 verheiratet.

Also, wenn ich sagen würde, ich lüge nie, dann wäre das eine Notlüge. Es gibt gewisse Situationen, da kann man ruhig zu einer Notlüge greifen. Zum Beispiel, wenn es den anderen Menschen verletzen würde, wenn man knallhart die Wahrheit sagen würde. Jeder macht mal eine Notlüge. Auch in der Ehe ist das zugelassen. Zum Beispiel: «Ist die Bluse neu?» – «Nein, Schatz, die habe ich schon 14 Tage.» Das nimmt mir mein Mann dann zwar auch nicht wirklich ab – wenn man sich so lange kennt wie wir, durchschaut man sich natürlich. Aber es geht uns in dem Augenblick dann beiden besser. Generell sind mein Mann und ich aber eigentlich ziemlich ehrlich miteinander. In der Politik – Entschuldigung, dass ich das so sage – wird allerdings ganz viel gelogen. Und zwar nicht nur Notlügen. Früher waren die Politiker ehrlicher, meine ich.

So, jetzt habe ich noch etwas zu tun. Hat doch gut geklappt mit der Antwort. Habe ich gerne gemacht.

Heidegund Schmidt, 68 Jahre, Hagen

Verehrter Herr Schmidt, sind Menthol-zigaretten Gemüse im Sinne der Five-greens-a-day-Regel?

Dr. Marcus Gärtner, Berlin

Was für eine Regel? Die kenne ich nicht. Die Antwort ist deswegen: nein. Ich halte Mentholzigaretten wie alle Zigaretten für Mist. Und für Gemüse interessiere ich mich auch nicht. Meine Frau sagt zwar: Du könntest ruhig mal ein bisschen Gemüse nehmen. Aber ich esse lieber Fleisch. Schon als Kind war das so, und meine Mutter hat mir dann auch immer Deftiges gegeben. Wenig Grünzeug. Mut zur Lücke, sage ich immer.

Mit den Zigaretten ist es genauso. Ich habe noch nie probiert zu rauchen. Mentholzigaretten sind ja, glaube ich, zum Entgiften. Trotzdem sind sie Mist. Meine Familie und ich, wir sind starke Nichtraucher. Ich habe das Rauchen allen untersagt. Bei mir vor dem Haus steht ein Schild: Nichtraucher. Eine Zigarette – durchgestrichen. Das Schild ist für jeden, der meint, bei mir dürfte er rauchen. Er darf nicht. Da bin ich knallhart. Alle müssen sich daran halten. Es gab schon Reaktionen, einer zum Beispiel sagte: «Wenn ich bei dir nicht rauchen darf, komme ich nicht mehr.» Ich: «Dann sind wir uns ja einig.» Mittlerweile ist er gestorben.

Helmut Schmidt, 45 Jahre, Neuenhaus

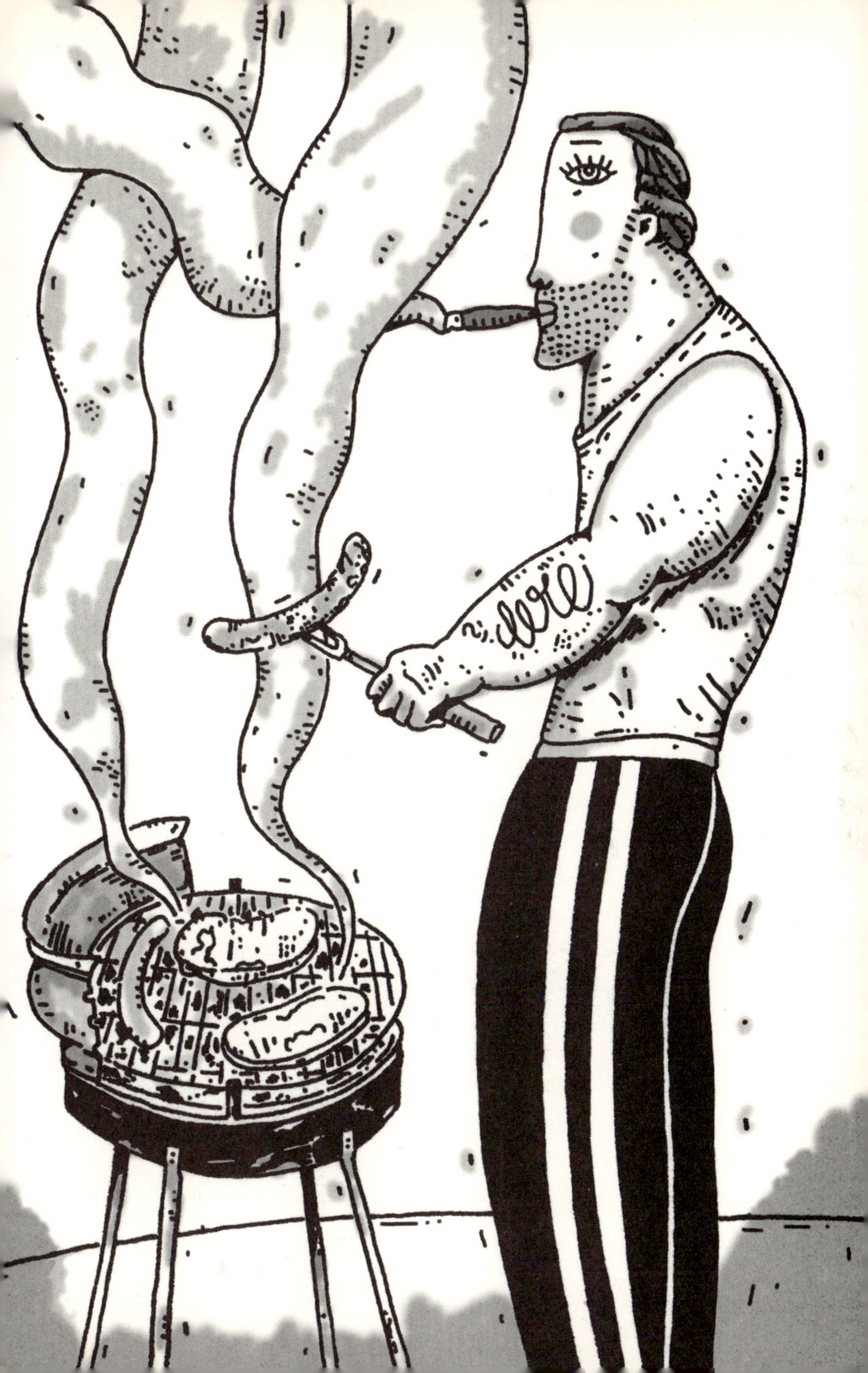

Verehrter Herr Schmidt, welche Erinnerungen haben Sie an Ihre Schulzeit?

Heiner und Charlotte Gumbrecht, Lüdenscheid

Ich hatte eine Grundschullehrerin, die Ordensschwester war. Sie hat in unserer Klasse nach Kindern Ausschau gehalten, die mal Pfarrer werden sollten. Da hatte sie mich ausgewählt und auf ein Internatsgymnasium gelotst. Meine Eltern hatten nur die Hauptschule besucht, aber sie waren gleich einverstanden. Meine Mutter hatte sich ohnehin gewünscht, dass ich Pfarrer würde. So kam ich in das Canisiuskonvikt in Ingolstadt. Da gab es das Herz-Jesu-Liebeswerk, eine Abteilung mit etwa sechzig Schülern, in die ich kam. Wir durften aber nur bleiben, solange wir wussten, dass wir Pfarrer werden wollten. Das machte schon ein bisschen Druck. Ich fühlte mich dadurch verpflichtet mitzumachen.

Allerdings habe ich eine sehr positive Erinnerung an die Internatszeit. Auch wenn es natürlich damals noch Schläge gab. Ich habe heute noch vor Augen, wie im Schlafsaal ein Präfekt einen so abgewatscht hat, dass der fast umgeflogen ist. Er hatte sich nicht an die Regel gehalten, still zu sein. Ich habe eigentlich nie so eine Ohrfeige bekommen. Ich war angepasst, eigentlich zu sehr. Denn ich habe mich nach dem Abitur verpflichtet gefühlt, einzutreten in den Orden, ich bin ins Noviziat gegangen. Dabei hätte ich eigentlich einen Punkt setzen sollen. Aber ich habe weitergemacht und angefangen, in Innsbruck Theologie zu studieren.

Schon da habe ich mir Gedanken gemacht, wie es weitergehen soll. Aber dann kam das Angebot, nach Rom zu gehen. Das hat mich wieder so aufgebaut, dass die Zweifel in den Hintergrund gerieten. In Rom war ich an der Päpstlichen Universität Gregoriana. Es lief auf eine schöne Karriere als Pfarrer hinaus, aber nach dem ersten Jahr merkte ich wieder, dass ich unsicher und unzufrieden war. Theologische Fragen spielten keine Rolle – aber wir Priesterkandidaten sind ferngehalten worden von der Welt. Und ich merkte, dass ich den Kontakt dahin brauche. Doch als die Entscheidung anstand, ob ich die sogenannten ewigen Gelübde ablegen wollte, habe ich mich dazu durchgerungen.

Kurze Zeit später brach das ganze Gebäude endgültig in sich zusammen. Ich entschied mich dafür, den Weg nicht weiterzugehen. Später wurde ich Lehrer – für Religion und Geschichte. Meine Kinder sagen immer: Mensch, Papa, das hast du schon gut gemacht.

Helmut Schmidt, 70 Jahre, Gengenbach

Verehrter Herr Schmidt, haben Sie schon einmal ein Familienmitglied gegen Geld beschäftigt?

Mario Heidel, Frankfurt

Was? Ich? Das ist ja ein Schmarrn, was Sie jetzt da erzählen. Ich kann Ihnen dazu nur sagen: Wenn einer seine Frau beschäftigt, ist es ja schon sehr zweifelhaft, warum er gerade die beschäftigt und nicht irgendeine andere hernimmt. Wenn ich fünfeinhalbtausend Euro für eine bezahle, für die Ehefrau, die sonst nirgendwo irgendeinen Job bekommen hätte, dann riecht das gewaltig. Da muss ich als Bayer sagen: Wenn jemand so etwas macht und es ist nicht genehmigt, dann ist er zu bestrafen. So jemand gehört weg vom Fenster. Da geht es um Steuergelder, und bei Steuergeldern ist auch mein Geld dabei. Steuergelder – um nichts anderes geht es. Also, ich habe jetzt länger mit Ihnen geredet, jetzt reicht's auch wieder, gell?

Helmut Schmidt, 72 Jahre, München

Verehrter Herr Schmidt, ich weiß nicht, wen ich bei der Bundestagswahl wählen soll. In keine der Parteien kann ich Hoffnung setzen. Ist es Verrat an der Demokratie, wenn ich nicht wählen gehe?

Andreas D. Stamm, Essen

In der Analyse liege ich eigentlich mit Ihnen auf einer Linie. Besonders zurzeit. Die Parteien machen sich gegenseitig herunter wegen Sachen, die eigentlich gar nicht so wichtig sind für unser Volk. Auch in der Wortwahl geht es meiner Meinung nach oft zu weit. Bei dem Überwachungsthema zum Beispiel: Das ist natürlich nicht in Ordnung, aber alle haben es gewusst, und zwar schon lange. Da kann man jetzt nicht so tun, als hätte man keine Verantwortung für die Sache.

Aber gar nicht zu wählen ist nicht der richtige Weg. Es ist einem zwar bewusst, dass man recht ohnmächtig ist und die Dinge eigentlich nur zur Kenntnis nehmen kann. Mit Ausnahme ebendieses einen Kreuzchens bei der Wahl. Es ist zwar wenig, aber nicht nichts. Ich werde wählen gehen und die bisherige Regierung wählen. Ich finde, wir haben schon schlechtere Kanzler als Frau Merkel gehabt, und von der Alternative bin ich nun wirklich nicht angetan. Der Steinbrück war ja schon früher lange in verantwortlicher Position in der Regierung, und ich kann mich nicht erinnern, irgendetwas Nennenswertes von ihm erfahren zu haben. Wenn er alles besser weiß, hätte er ja einmal einen Anstoß geben können, als er die Möglichkeit dazu hatte.

Helmut Schmidt, 77 Jahre, Schüttorf

Verehrter Herr Schmidt, sollten die Menschen weiter ins All fliegen? Da ist doch nichts – oder?

Martin Wagner, Köln

Ich finde es gut, dass die da herumspringen. Die Technik geht ja weiter, wir können ja nicht einfach stehen bleiben. Wenn die Katholiken das Sagen hätten, wäre die Erde immer noch eine Scheibe, und das wäre ja nun nicht der Sinn der Sache. Die Mondlandung habe ich damals natürlich verfolgt. Von der Technik her fand ich es ganz interessant, ja eigentlich sogar hervorragend, dass man so etwas machen kann. Ich bin ja Maschinenbautechniker, allerdings habe ich in der Verpackungsbranche gearbeitet, nicht in der Raumfahrtbranche. Ich kann mich auch erinnern, dass schon einmal eine Rakete explodiert ist und die Astronauten gestorben sind. Das war sehr traurig.

Was man so über außerirdisches Leben hört, halte ich momentan alles für Märchen. Wenn jemand sagt, da ist ein Ufo, glaube ich nicht daran. Mit diesen Science-Fiction-Filmen habe ich auch nichts am Hut, das ist nicht meine Welt. Die Vorstellung, dass da was sein könnte, finde ich aber überhaupt nicht erschreckend. Man muss ja erst einmal sehen, ob etwas kommt. Und wenn ja, was es ist. Bis jetzt hat man ja noch nichts gefunden. Was bei diesen Flügen herauskommt, kann ich Ihnen nicht sagen, das wird die Zukunft zeigen. Nach dem Mond kommt sicher etwas anderes, und wir wollen uns die Welt ja untertan machen. Daher finde ich das schon in Ordnung.

Helmut Schmidt, 74 Jahre Köln

Verehrter Herr Schmidt, was halten Sie von der Homo-Ehe?

Friedrich Seel, Pirmasens

Ist zwar nicht richtig, aber ich habe nichts dagegen. Wir sagen immer: Das könnte uns ja auch passieren, mit den Kindern oder Enkelkindern. Von mir aus sollen die Homos heiraten. Die meisten haben ja Geld und können sich dann auch Kinder leisten. Der Elton da drüben in London zum Beispiel, der ist ein Homo, und mit seinem Partner hat der sich ein Kind adoptiert. Ob dem Kind was fehlt, kann man jetzt auch noch nicht sagen. Da muss man in zwanzig Jahren mal nachfragen.

Ich finde aber gut, dass meine Kinder Vater und Mutter hatten, denn das ist normal. Aus denen ist was geworden. Wenn es hart auf hart gekommen wäre und einer ein Homo geworden wäre, hätte ich den aber auch nicht verstoßen. Man kann daran ja nichts ändern, das steckt in so einem Menschen drin, er hat von Anfang an die Sucht nach einem Mann. Aber innerlich ist man doch irgendwie dagegen. Ob die kirchlich heiraten, ist mir eigentlich egal. Die Kirche hat andere Probleme, den Zölibat zum Beispiel. Lasset die Kindlein zu mir kommen – aber selbst keine kriegen offiziell!

In unserem Ort gibt es auch Homos, das spricht sich herum. Aber die bekennen sich auch. Bei uns im Bekanntenkreis sind zwei Herren – zwei Jungs, kann man sagen –, da kann man einfach nichts dagegen machen, die sind aber mit dabei, wir trinken mit denen zusammen, wir machen Party … Wir können es ja sowieso nicht ändern, und es sind eigentlich nette Leute. Angst, dass die mich anfassen, habe ich jedenfalls nicht. Soweit ich weiß, bleiben die in ihrem Kreis und versuchen nicht, andere da mit hineinzuziehen.

Die Homos sind meistens intelligenter als der Normalbürger. Der Bürgermeister von Berlin, Klaus Wowereit, der Außenminister Guido Westerwelle – die haben es doch alle geschafft, die sind in den höchsten Stellen. Die müssen sich erst einmal anstrengen, dass sie nicht auffallen, und wenn sie etwas erreicht haben, dann können sie sich outen. Die können also nur etwas erreichen, wenn sie intelligenter und schlauer sind als die anderen.

Helmut Schmidt, 76 Jahre, Altbach

Verehrter Herr Schmidt, haben Sie eigentlich Humor?

Jürgen Wosniak, Erbach

Gut, das werde ich beantworten. Aber denken Sie dran – und das ist lustig jetzt: Schmidts sind eine Dynastie. Wenn ich um Hilfe rufe, dann stehen 37 500 Schmidts vor Ihrer Tür, und Sie bekommen Angst. Aber dazu gibt es jetzt ja erst einmal keinen Grund. Also, im Fernsehen schaue ich mir schon mal humorvolle Sachen an, wenn es nicht zu albern oder zu flach ist. Es gibt aber immer weniger Gehaltvolles, worüber man schmunzeln kann. Leider. Viel lache ich noch mit meiner Frau. Wir sind gemeinsam alt geworden – da sollte man sich das angewöhnt haben.

Humor ist wichtig. Es ist aber so, dass die Menschen davon abkommen. Sie werden mit nicht wichtigen Dingen genervt. Es ist ja manchmal offensichtlich, dass irgendwelche Probleme hochgebracht werden, wo man sagen muss: Na, haben wir denn keine anderen Sorgen? Da könnte es nicht schaden, lieber ein bisschen zu lachen. Andererseits sind Späße auch manchmal verletzend. Das stört mich. Wenn Menschen etwas gegen die Obrigkeit vorbringen, werden sie von den Medien fertiggemacht; dadurch, dass sie lächerlich gemacht werden. Es ist oft leicht, einen Witz über jemanden zu machen, nur um ihn nicht ernst nehmen zu müssen.

Helmut Schmidt, 82 Jahre, Görlitz

Verehrter Herr Schmidt, unsere riesigen Goldreserven sind in drei mit uns befreundeten Staaten – Amerika, Großbritannien und Frankreich – gelagert. Wann werden wir sie nach Deutschland zurückholen dürfen? Und ist davon überhaupt noch etwas übrig, oder ist unser Gold vielleicht schon längst verpulvert worden?

Paul Kotzot, Witten

Es wird wohl noch da sein. Wann es zu uns zurückkommt – tja. Ich finde es nicht gut, dass das Gold überhaupt da lagert. Die Gründe dafür sind unbekannt. Darüber wird sich ausgeschwiegen. Zu Amerika habe ich seit dem Bush-Krieg kein Vertrauen mehr. Der Amerikaner an und für sich ist ja ein ganz schlauer Fuchs und kann immer den reichen Onkel spielen. Die Wirtschaft ist dort sehr stark. Der Obama hat zwar gute Ideen, aber er kann sich gegen die Kapitalisten nicht durchsetzen.

Ich selbst hatte leider nicht die Möglichkeit, mir eigene Goldreserven anzulegen. Es ist ja schon schwer genug durchzusetzen, dass die Rente erhöht wird. Dass die gleichgestellt wird mit den Westrenten, nach 23 Jahren. Was ich mir vorstellen könnte, ist, dass das Gold zu uns zurückkommt und unter den Bürgern aufgeteilt wird. Der Staat hat so viele Schulden, da wäre das angebracht. In der DDR hatten wir Werterhaltung durch die volkseigenen Betriebe – daran hatten wir ja alle Anteile. Es war nicht alles so schlecht, wie es heute dargestellt wird.

Helmut Schmidt, 75 Jahre, Niederroßla

Verehrter Herr Schmidt, was tun Sie für die Hochwasseropfer?

Hannelore Engels, Lübeck

Wieso ich? Hier in Koblenz sind bisher noch keine besonderen Schäden entstanden. Außerdem wohne ich 185 Meter hoch; wenn bei uns Hochwasser wäre, und ich würde mit dem Boot fahren, dann könnte ich das Boot an der Spitze der Josefskirche festmachen. So hoch ist das. Die Lage woanders verfolge ich ganz normal im Fernsehen, und ich bedaure auch die Leute, die da zu Schaden kommen. Mithelfen – das ist schlecht. Ich werde 81 Jahre alt, da kann ich nicht mehr mit anfassen, und Rat wollen sie von mir, glaube ich, nicht. Geldspenden und Sachspenden kommen auch nicht mehr in Frage. Eines will ich Ihnen aber mal dazu sagen: Ich habe schon viele Hochwasser erlebt. Es kommt und es geht, es richtet Schäden an, und die werden irgendwie wieder behoben.

Helmut Schmidt, 80 Jahre, Koblenz

Verehrter Herr Schmidt, wenn Sie noch einmal 18 wären, was würden Sie anders machen?

Piotr Murek, Berlin

Natürlich habe ich in meinem Leben einige Dinge gemacht, die ich lieber nicht gemacht hätte. Das ist ja ganz normal. Es waren aber keine grundlegenden oder überwichtigen Dinge. Ich habe überwiegend gute Entscheidungen getroffen, beruflich und privat. Man muss immer mit beiden Füßen auf dem Boden der Tatsachen bleiben, man darf nicht Hirngespinsten nachlaufen.

Ein Beispiel: Als ich nach dem Krieg aus der Gefangenschaft nach Hamburg zurückkam, musste ich meine Familie ernähren. Wir hatten aber keine Beziehungen zum Land, zu den Bauern, und was es auf den Lebensmittelkarten gab, reichte nicht hin und nicht her, um satt zu werden. Die Sache lag nun allein auf meinen Schultern, denn mein Vater war versehrt und konnte nicht helfen. Ich habe zunächst eine Stelle angenommen, wo ich auf dem Lande für eine Firma Tierarzneimittel direkt an die Bauern verkaufte. Ich hatte auch Glück, die Mittel taugten sogar etwas, und wenn zum Beispiel ein Pferd morgens eine Kolik hatte, haben wir dem Tier eine Ampulle gegeben, und abends bin ich nach meiner Tour zurück dorthin und habe mich erkundigt, was daraus geworden ist. Und in den meisten Fällen war das Pferd wieder in Ordnung. Der Bauer war dankbar. So bekam ich auch mal Lebensmittel, die für uns unerschwinglich waren, Speck, Butter, Eier und so etwas.

Diese Arbeit anzunehmen war also eine gute Entscheidung, denn ich war die große Sorge los, wie ich die Familie ernähren soll. Das habe ich natürlich nur so lange gemacht, bis die Währungsreform kam. Dann habe ich mich meinem eigentlichen Beruf wieder zugewendet. Zuletzt war ich Geschäftsführer einer großen, international bekannten Stahlfirma. Ich habe immer rationale Entscheidungen getroffen, und ich habe ein glückliches Leben geführt.

Helmut Schmidt, 90 Jahre, Mettmann

Verehrter Herr Schmidt, nervt es Sie eigentlich, dass Sie immer zu allem befragt werden?

Astrid Kaluza, Berlin

Ja. Ich habe dazu nicht so viel Lust. Wenn ich auf der Straße angesprochen werde, sage ich meist: «Nein, lassen Sie mich in Ruhe.» Wenn einer mit einem Mikrophon auf einen zukommt, kann man direkt ausweichen. Leute, die zu allem etwas sagen, sind für mich Selbstdarsteller. Da geht es gar nicht mehr um das Thema an sich. Das sehen Sie ja in den Talkshows, Jauch, Plasberg und wie sie alle heißen. Da sitzen oft Frau Künast oder Herr Kubicki – fast immer dieselben. Als ob es das Wichtigste wäre, dass sie im Fernsehen sind. Es kommt nur ganz selten vor, dass so eine Sendung so interessant ist, dass man sie gern verfolgt. Dabei bin ich politisch ziemlich interessiert.

Ich denke, es könnte einen positiven Zug haben, wenn jemand einfach einmal klar sagt: «Das kann ich jetzt nicht beantworten, das müsste ich noch einmal nachlesen.» Oder: «Dazu habe ich im Augenblick kein Meinungsbild.» Einfach immer etwas zu sagen ist leicht. Wenn einer in einem Interview beispielsweise 33 Prozent erwähnt – 33 Prozent machen dies oder das –, kann man das gar nicht nachprüfen. Manchen Leuten glauben die Menschen auch, weil sie das Gefühl haben, die kommen authentisch rüber. Es ist heute sehr selten, dass man über einen Politiker denkt, das sei er selbst, seine Person, nichts Aufgesetztes.

Helmut Schmidt, 62 Jahre, Köln

Inhalt

MIX
Papier aus verantwortungsvollen Quellen
FSC® C019821
FSC
www.fsc.org

Das für dieses Buch verwendete FSC®-zertifizierte Papier
Lux Cream liefert Stora Enso, Finnland.